Atmosferas urbanas:
grafite, arte pública, nichos estéticos

SERVIÇO SOCIAL DO COMÉRCIO
Administração Regional no Estado de São Paulo

Presidente do Conselho Regional
Abram Szajman
Diretor Regional
Danilo Santos de Miranda

Conselho Editorial
Ivan Giannini
Joel Naimayer Padula
Luiz Deoclécio Massaro Galina
Sérgio José Battistelli

Edições Sesc São Paulo
Gerente Marcos Lepiscopo
Gerente adjunta Isabel M. M. Alexandre
Coordenação editorial Clívia Ramiro, Cristiane Lameirinha
Produção editorial Rafael Fernandes Cação
Coordenação gráfica Katia Verissimo
Coordenação de comunicação Bruna Zarnoviec Daniel

atmosferas urbanas

grafite, arte pública, nichos estéticos

Armando Silva

edições sesc

Tradução Sandra Trabucco Valenzuela
Preparação de texto Thereza Pozzoli
Revisão Eloiza Rodrigues
Capa, projeto gráfico e diagramação A Máquina de Ideias/Sergio Kon

Si381a Silva, Armando

Atmosferas urbanas: grafite, arte pública, nichos estéticos / Armando Silva; tradução de Sandra Trabucco Valenzuela. – São Paulo: Edições Sesc São Paulo, 2014. –
240 p.: il.

ISBN 978-85-7995-117-6

1. Artes plásticas. 2. Arte pública. 3. Intervenção urbana. 4. Grafite. I. Título. II. Subtítulo. III. Valenzuela, Sandra Trabucco

CDD 750

Título original: Atmósferas ciudadanas: grafiti, arte público, nichos estéticos.
Universidad Externado de Colombia, 2013

© 2014 Edições Sesc São Paulo
© 2014 Armando Silva
Todos os direitos reservados

Edições Sesc São Paulo
Rua Cantagalo, 74, 13º/14º andar
03319-000 São Paulo SP Brasil
Tel. 55 11 2227-6500
edicoes@edicoes.sescsp.org.br
sescsp.org.br

Nota à edição brasileira

O grafite é um dos mais genuínos modos de expressão urbana, por meio do qual a cidade descreve suas tensões e conflitos, inscreve em muros, paredes e tapumes seus sonhos e anseios, e escreve coletivamente sua própria história. Longeva, milenar, imemorial, a prática do grafite sofreu profundas transformações ao longo do tempo, constituindo um dos fenômenos socioculturais mais ricos e complexos da atualidade.

Em *Atmosferas urbanas: grafite, arte pública, nichos estéticos*, o pesquisador colombiano Armando Silva não somente resgata as condições históricas que deram origem à arte do grafite, como também discute suas potencialidades e as da arte pública nos dias de hoje.

Instituição urbana por excelência, o Sesc faz chegar às mãos do leitor de língua portuguesa esta obra – concebida sob o signo do mais perspicaz e inquieto tom de cosmopolitismo. Além de admirar a variada gama de manifestações de arte urbana (dentre as quais o grafite vem assumido inequívoco protagonismo) que as cidades do país acolhem diariamente, o público brasileiro também está sendo convidado, a partir de agora, a conhecer melhor essas expressões singulares e a aprofundar suas reflexões sobre a relação que elas podem estabelecer com os domínios da cidade.

Sumário

Apresentação: 11
O autor como ativista, o ativista como historiador

Trajetos   13

Primeira parte
Do grafite à arte   21

23	Grafite e pichação; *pintas* e *pintadas*
28	Mapa lógico: valências e imperativos do grafite
33	Imperativos das valências do grafite
37	Grafite pobre: informação, manifesto e afresco mural
44	O grafite contracartaz, as pichações em São Paulo e a desmaterialização a partir do grafite digital
49	Grafite pela estética: "Ai, eu morro"
70	Ação grafite: interpretação da cidade
78	O prazer do grafite: no início, entre banheiros e muros
81	Grafite, desejo, gozo
85	Jargões e arquivos entre vizinhos
89	Os emblemas: Nova York visual e o "ódio ao racismo e aos negros" da América Latina

Segunda parte
Da arte ao grafite   **109**

111   Intervenção urbana por um defecador anônimo
      na Califórnia: "A arte é merda"

117   Arte pública e arte urbana

137   Autoria deslocada entre mídia e museus:
      "Tanta sangre y les importa un culo"

143   *Street art*, arte urbana e contravandalismo no novo
      milênio: "Não somos vândalos"

Terceira parte
Nichos estéticos   **161**

163   Da arte e do grafite aos ambientes urbanos

170   Dramatizar as ruas: *dramatic surprise* nas ruas da Bélgica

173   Arte pública e cleptomania: a carta roubada em Bogotá

178   Atmosferas urbanas e assombro cotidiano

188   Nichos: entre realidade e ficção

206   Arte digital, obras imaginárias e a internet

211   Protesto, grafite e arte: "Somos *anonymous* planetários"

217   Jardins como museus e edifícios como jardins

Bibliografia   232

Créditos e índice de fotos   238

Apresentação

O autor como ativista, o ativista como historiador

A cidade está repleta de intervalos do oculto, do não dito, do impossível de nomear, como esse sujeito dividido na linguagem que anda sempre buscando uma fórmula para demarcar o que fica dentro ou fora – até da lei. Porque a cidade, viva, se traveste e se tatua do transitório, até onde parecia habitar tão somente a rotina. A cidade se maquia e se camufla e, desse modo, é preciso ser um passante treinado para reconhecer as camadas que se acumulam e se anulam mutuamente. Esses arquivos em fuga, realidades ambulatórias que recobrem a realidade como se apenas do inesperado se tratasse, apelam para as imaginações. Tudo está aí, objeto dúctil do olhar escapando a cada passo: falta apenas olhá-lo.

E o olham, o descobrem e o revelam os olhos de Armando Silva, que em cada uma de suas páginas tem algo de flâneur inesperado, de repórter inquieto, de ativista urbano. Atento ao que as ruas calam e contam, aos segredos que guardam, esses tesouros que só olhos atentos como os dele – olhos modernos sobretudo – conseguem desentranhar. Silva cercou-se dos imaginários das cidades como quem se aproxima dos contos mais bem contados, nos quais a intriga supera o desejo de narrá-los. Fisgado em suas fascinantes intuições, que vão construindo o arcabouço do percurso, é capaz de encontrar o equilíbrio entre surpresa e rigor acadêmico, porque sabe, aprendeu, que para falar do presente é preciso ter a vocação de etnógrafo – à maneira de Michel Leiris em El África fantasmal: enfrentar a realidade intuindo como o autêntico acontecimento está em outra parte, cada vez mais distante, esperando ser (re)descoberto.

Nesta oportunidade, Silva volta o olhar para os grafites, em cidades tatuadas, como o corpo da mulher tatuada de Otto Dix: para cada desengano amoroso, um traço – não lhe resta sequer um centímetro livre. Do mesmo modo, sobre as paredes das cidades, vai-se escrevendo o que se teria calado – ou pelo contrário – e o que desaparecerá sob o novo traço, que tornará a escrever uma nova imagem do mundo. Por isso, Armando Silva percorreu diferentes urbes em busca dessas belas metáforas, que têm os dias contados e que, por isso, por sua caducidade no tempo, se tornam mais desejáveis, quando possível. Reside aí a beleza implícita no efêmero de sua natureza, "arquivos que fluem", diz o autor. Isso é o que prende e instiga a concepção de Silva em suas cidades imaginadas – ou a partir de suas cidades imaginadas, mais precisamente – e que agora propõe um percurso preciso e certeiro não só pelo grafite, mas por tudo o que se gera ao seu redor, desde sua entrada nos circuitos artísticos até o recente estatuto de arte pública.

Uma vez mais, pelas páginas deste texto instigante, no qual o autor se faz ativista e o ativista termina por ser um pouco esse historiador que acumula o arquivo precioso do que está prestes a desaparecer, as cidades se apresentam inesperadas e sedutoras. Assim, mais uma vez, Armando Silva nos presenteia com a sua visão do mundo: lúcida e sempre surpreendente através das tatuagens das cidades.

Estrella de Diego

TrajetOs

O grafite voltou, mas não veio sozinho. Basta viajar pelas ruas das cidades que tenham conflitos sociais ou expressões públicas com alguma tradição para perceber o novo panorama visual. O grafite que retorna não é o mesmo dos famosos anos 1960, nem segue as primeiras rudezas figurativas do final do século XIX. E, além disso, chega acompanhado. Escoltam-no novas estratégias em sua composição, associa-se com recentes manifestações da arte e ataca a partir dos muros, não só físicos, mas também virtuais. Aumentaram os que o fazem e as cidades que o recebem; infiltrou-se entre novos grupos e dobrou-se a várias tribos urbanas, de tipos extravagantes à sua própria estilística; introduziu-se em grupos musicais, deixando-lhes sua marca; exibe-se na mídia, gera controvérsias em museus e galerias de alta reputação e, em sua ousadia, infiltra-se até nos estudos acadêmicos, em que se discute qual é a sua verdadeira identidade. É tal sua despretensão que tornou vários de seus promotores, que o exaltam como fenômeno de livre expressão urbana, como simples animadores que querem aproveitar-se de seu momento febril, pois o grafite continua fazendo estragos, do mesmo modo que muitos querem domá-lo, transformá-lo em simples objeto de diversão de rua – o que, por outro lado e sob outros parâmetros, também o é. Sua boa fama como combatente e emblema do conflito urbano fez com que o imitassem, o seguissem ou o tomassem, e ele teve então de compartilhar seus espaços tradicionais; surgiram assim novos gêneros que, mesmo partindo do grafite, são outra coisa. Quem não estiver atento corre o risco de se confundir, pois costuma-se chamar de grafite tudo o que se faz de figuras na cidade e, por isso, torna-se necessário certo esclarecimento. É o que proponho neste livro: dialogar com meus leitores e observadores de todos os lados, olhar suas origens e recriá-los, avançar propiciando conceitos, ir reconstruindo uma teoria para aprender a distinguir essa abundância de expressões urbanas com que nos recebe e envolve o novo milênio. Daí que, para atingir esses propósitos, reconheci três gêneros que nos servirão de guia em nosso itinerário de reflexão: grafite, arte pública e nichos estéticos. Todos diferentes, mas amalgamados como se fossem um só, devido, talvez, a que todos convivem no espaço urbano, nem sempre da terra e do lugar geográfico, mas igualmente do ar, dos cenários virtuais ou dos pensamentos de cidadãos que se unem em redes. E esse é o percurso que proponho. Um trajeto que evoca meus próprios textos, os primeiros escritos há mais de vinte anos, quando dei início a estas formulações.

Esta é a rota que desenhei em minha própria experiência para definir meu objeto. Primeiramente, escrevi *Una ciudad imaginada: grafiti expresión urbana*, em que, pela análise textual de amostras colhidas durante vários anos, assinalei as condições de competência linguística e comunicativa para que ocorresse a inscrição grafite. Depois, com *Punto de vista ciudadano: focalización visual y puesta en escena del grafiti*, desloquei-me até o observador, a fim de desenhar um modelo enunciativo do que poderia ser a leitura destas mensagens por parte dos habitantes urbanos. Agora, com *Atmosferas urbanas*, proponho-me a reelaborar meus passos, colher as novas tendências formais do grafite, da arte urbana e da arte pública, em consonância com o fato de que neste novo milênio acentua-se a passagem de uma cultura da arte para outra, de caráter cultural ou antropológico, criando-se novos ambientes urbanos que vale destacar. Mas esses três passos – as condições de sua definição, o cidadão como observador e no gozo das marcas urbanas e a tendência à arte pública – eu os mantenho, de sorte que neste livro será possível ver o desdobramento histórico de um fenômeno plástico e público, e, ao mesmo tempo, apreciar em conjunto a evolução de suas formas de expressão e seus nexos entre cidades; ou, ainda, o que também faço, matizar as relações entre conceitos que se possam deduzir das práticas nacionais e internacionais, ali onde esses fatos criativos forem relevantes aos pontos de vista que assumo, assimilando-os a nichos estéticos.

Chamo de nichos o que vinha do grafite e o que nos chegou paralelamente dele e da arte pública, já não só como combate ou como estratégia política, mas como resguardo e projeção numa ação, intervenção, numa passada entre redes, para poder afirmar com algum sentido que faça urbanismo, a partir de seres, pessoas, não necessariamente da arte nem com alguma consciência de fazer arte, mas sim gerando estética num entorno. Portanto, há nichos quando um *happening* rouba a atenção numa rua, nos intercâmbios entre membros de redes de delirantes ou vídeos divertidos que nos fazem rir, nos imaginários urbanos com os quais se identificam certos grupos, assim como num drama preparado para fazer pensar na vida, no que as câmeras registram nas ruas para formar assim arquivos de imagem, nos edifícios com fachadas que contam histórias de família, em jardins urbanos, nos protestos e manifestações cidadãs para delatar modos de poder, nos mascarados anônimos que tomam as telas da mídia para gerar proclamas contra esse um por cento de poderosos que dominam e oprimem os demais. Enfim, a origem da palavra "nicho" revela o que pretendemos: o italiano *nicchia* originou o termo "nicho", cavidade na parede para se colocar uma estátua ou um adorno. Contudo, a história da palavra assemelhou-a a "ninho", onde uma ave põe ovos e se aninha, uma casa transitória, de onde se sai para depois retornar, mas uma estrutura frágil, a partir de onde criamos. O adorno incrustado na parede, que vai se tornando estética social, já não é, porém, um muro, mas nas experiências dos cidadãos, nos gestos, exprime o desejo de remexer no que existe. Consiste numa grande expressividade urbana que está criando novas ambientações entre cidadãos, a que é preciso dar nome, tanto em sua criatividade como em sua intencionalidade, muitas vezes em combate.

Anuncio de cara uma coisa importante. As imagens que ilustram os textos e que, às vezes, os definem, por propor um ponto de vista, constituem valioso material que colhi ao longo de vários anos em diversas cidades, e dão conta dessa ácida atividade dos cidadãos na construção de diferentes imaginários que ajudam a definir os modos de ser urbanos do novo milênio. E também reconheço isto: o grafite, tema de grande penetração em minha própria evolução como estudioso do urbanismo moderno, resultou em grande ajuda para entender como atuam os imaginários sociais no interior das sociedades urbanas, e como ele também é a origem do que chamamos de arte pública.

O livro divide-se em três partes: na primeira, levanto os aspectos definitórios e lógicos do grafite, como sua própria grafia em língua corrente: *grafite* (incomoda o leitor culto, mas é mais apropriada que *graffiti*, usada em inglês), que espero ter resolvido. Parto da proposta de certas condições históricas para a qualificação do grafite, apresento um mapa lógico das inscrições murais e esforço-me para retirar o grafite de uma definição empírica e comum (considerar como grafite qualquer mensagem feita sobre uma parede), para propor em troca um jogo de valências e imperativos, uma definição mais técnica e lógica que parte de sua própria natureza social de "escritura ou representação do proibido". Concluo com a transformação estética do grafite. Passo ao cidadão e a sua relação territorial, psíquica e social com o grafite. Entendendo-o como escritura que perverte um espaço físico e ideológico, avanço para propor a marca "grafite" numa correlação territorial. Assim, minha definição do grafite relativiza-se ao máximo, situando-o no lugar e no momento de inscrição, passando por uma dramática colocação em cena condicionada, qualificação microterritorial que agora entendo melhor como vicinal.[1]

Na segunda parte, remeto-me, como ocorreu na própria expressividade urbana, à arte pública dos últimos anos e a relaciono com o grafite, e a este com expressividades e intervenções entre arte e grafite. Examino o caminho inverso, a arte que parte para o grafite. A saída das obras das galerias para os contextos urbanos provocou um encontro febril com o grafite que marca um e outro: o grafite que se refere à arte, que a imagina ou se deixa influenciar por movimentos da história, ou a arte que atua como grafite, o copia, deixa-se inspirar nele, deixa-se definir em sua vizinhança. Apresento minha hipótese de que a marca grafite é o antecedente histórico, lógico e estético de ações urbanas, seja dos artistas ou de cidadãos, e que há não só uma tentativa de institucionalizar o que está à margem, o que se fazia por fora dela, mas que, mesmo o que está mais absorvido pelo sistema como aceito, pode ter parentesco. Proponho, então, condições lógicas para que seja de um domínio ou de outro. Procuro dar uma visão desta contemporaneidade urbana em ação – geografia em movimento – entendendo que vivemos pela primeira vez uma história em que ser urbano não está ligado a viver ou habitar a cidade. Circunscrevo a cidade no ente físico e o urbano passa a ser seu fato cultural; e, então, urbanizar é parte de uma mentalidade em expansão que excede o caso urbano. O próprio grafite assumiu o caminho para ser compreendido como uma dessas demonstrações de urbanização, ou seja, executa-se não

---

1 Este modo de chamá-lo surge da exposição da Fundação Antoni Tàpies (2007), em Barcelona, quando seus curadores, Nuria Enguita e Jorge Blasco, apresentaram meu trabalho de pesquisa em conjunto, dividido em arquivos íntimos (álbuns de família), comunitários (o grafite) – que agora chamo de vicinal – e públicos (as mesmas cidades imaginadas). Agradeço aos autores citados as luzes para entender meu próprio trabalho na condição de arquivo urbano.

só num muro (físico), e evolui, igualmente, em paralelo à arte pública, até chegar a ser um objeto que importa na produção de significados sociais e políticos, mais do que expressar somente um protesto conjuntural ou produzir beleza visual em sua própria imagem. Continuo despachando imagens prototípicas da enorme variedade de estilos que se concentram hoje nas ruas e nos espaços públicos em muitas cidades, para estabelecer a análise comparativa de seus traços e, em alguns casos, desses estilos com os movimentos de arte moderna: que não passe inadvertido este retorno a imagens já codificadas por criadores que abriram ou sustentam a modernidade visual. Proponho critérios para conceber alguns limites entre gêneros urbanos, borrados à primeira vista, como o grafite, a *street art*, chamada *arte de rua* no Brasil, o pós-grafite, a arte urbana e a arte pública.

Na terceira parte, trato já não mais da criação de arte nem de grafite, mas de nichos estéticos; abordo projetos dos cidadãos ou urbanos que atuam como arte, modos de proceder das redes sociais ou de empresas digitais que geram infinidade de imagens – embora muitas com fins comerciais, algumas também com intenção de produzir perspectivas de visão cidadã para habitar a urbe. Se em épocas anteriores "a religião ou a ideologia" nos davam perspectivas a partir das quais observar, hoje revela-se um deslocamento para os novos arquivos digitais. São arquivos que não se guardam, mas que fluem, produzindo-se a cada instante, formando um presente contínuo de imagens do mundo. Mas também se resenham alguns acontecimentos urbanos nos quais se estetiza o ambiente cotidiano, seja com projetos de novos instaladores ou com ações espontâneas dos cidadãos que operam como nichos. Então, os nichos podem ser entendidos como tudo aquilo que constrói tramas de percepção do mundo sob o domínio estético. Mais estética e menos arte, entretanto, da mesma forma, nichos simbólicos a partir dos quais o mundo se torna imagens.

primeira parte

grafite à arte

Grafite e pichação;
pintas e Pintadas

O grafite não possui um emissor reconhecido, não se dirige a ninguém em particular, não concede nenhuma garantia em sua elaboração ou sua permanência, nem sequer quanto a seus efeitos. À primeira vista, apresenta-se como um ato do acaso, no qual o risco, a incerteza em sua elaboração e a imprevisibilidade de seus resultados constituem praticamente sua descarga determinante.

Porém, não se pode afirmar que sejam mensagens plenamente espontâneas – na contemporaneidade ainda menos – ou que careçam de um projeto no tempo: há um pouco de cada coisa; além disso, como todo resultado social, o grafite alimenta-se de momentos históricos, e seus realizadores anônimos são os agentes que, com certas características pessoais ou grupais, materializam, através de escritas ou representações ocasionais, desejos e frustrações de uma coletividade, ou, ainda, exaltam formas que retomam ou questionam seus territórios sociais. Isso faz com que o programa geral da produção deste gênero adquira real importância em estudos sociais; os grafites revelam uma apreciável concentração de subterfúgios da vida urbana: choques, saídas, criações, combates, estratégias expressivas.[2]

O vocábulo vem da expressão italiana *graffiti*, plural de *graffito*, do grego *graphis*, "carvão natural", a matéria com a qual se fabrica o grafite usado em lápis e lapiseiras. A origem pode

---

[2] Esta primeira parte tem como base as propostas de meu livro *Punto de vista ciudadano* (1987), revistas e atualizadas para a presente obra.

ser estendida a "grafia", que significa tanto "o ato ou a ação de escrever" como, em espanhol, os sistemas de signos escritos para expressar ideias e pensamentos. Para este livro, decidi usar em espanhol *grafiti*, plural *grafitis*, eliminando o duplo "f" e pluralizando com um "s", como explico em nota de rodapé,³ para concordar a gramática com a própria razão da rebeldia implícita na ação que o termo nomeia (na tradução brasileira, *grafite*, plural *grafites*).

Destaco também que na fala comum em língua espanhola, em países como Venezuela e Colômbia, houve a tendência de denominar a expressão *grafite* como *pintas* ou *pintadas*, sobretudo em ambientes universitários, enquanto no Brasil se fala também de *pichações*. Num estudo sobre o *grafite medieval* (Carbonell et al., 1981) em Barcelona, seus autores também registram, ao referir-se às formas atuais, essa tendência comum de denominar o *grafite* como *pintadas*. No entanto esse vocábulo, em sua evolução, já chegou a indicar mais seu objeto, o motivo, no sentido daquilo que se escreve ou desenha, que o "meio", o carvão com o qual se elaborava a imagem. É o caso dos primeiros "grafites" rupestres, aquelas pinturas feitas em cavernas e abrigos de pedra pelos primeiros agrupamentos humanos e, nesse sentido, quase se chegou a considerar como sinônimo de gravação sobre qualquer superfície. Atualmente, a palavra adquire um aspecto urbano e se associa principalmente a mensagens deixadas sobre os muros e paredes das cidades ou sobre diferentes objetos dos cidadãos.

Menciono dois antecedentes imediatamente próximos ao que vem acontecendo desde o início do novo milênio: aquele exuberante maio de 1968 e os movimentos espontâneos de Nova York dos anos 1970, quando o metrô e suas estações

---

3 Consultei Jaime Bernal, chefe de lexicografia do Instituto Caro y Cuervo, de Bogotá, que se mostrou favorável à eliminação do duplo "f". A supressão das consoantes duplas é uma constante em espanhol. Ocasionalmente, nesses dias (setembro de 1983), visitava Bogotá Laín Entralgo, presidente da Real Academia Espanhola, que também foi consultado a respeito de minhas dúvidas. Considerou propor esta mudança para novas edições do *Diccionario de la lengua española*. (N.T.: De fato, o verbete *grafiti* foi incluído no referido dicionário, em sua 23ª edição.)

se tornaram os principais espaços de expressão, recebendo desenhos agressivos, figuras estranhas e inscrições. Nos anos 1960, surgiram todas as explosões políticas juvenis das mais altas instituições de formação cultural: Stanford, Harvard, Sorbonne, Berlim, Tóquio, São Paulo, Buenos Aires, Varsóvia, Praga, Roma e México. Basta lembrar a famosa "manifestação do silêncio" na Cidade do México, na qual 300 mil jovens, "um ao lado do outro, o ruído dos passos sobre o asfalto, o esparadrapo na boca, desfilavam mudos em sinal de protesto", como relatou Leopoldo Zea (1977). Isso ocorria igualmente em 1968, época também dos *hippies*, na qual o mundo remoçava, erguendo-se contra o autoritarismo.

Os anos 1960 delinearam o que hoje podemos reconhecer como uma nova estratégia *underground* de amplos alcances em diferentes setores, primeiro marginais, depois alternativos. Em sua revolução, o grafite traz implícito um questionamento de todas as estruturas do poder, e se constitui, se não num movimento de unidade internacional, mas nas várias explosões regionais e pessoais que chegam a usar e idealizar procedimentos similares. Por meio do grafite, começam a ser expressas realidades que ficam fora da mídia tradicional: jornais, rádio e TV. Algo semelhante parece ter ocorrido com certos pictogramas encontrados em igrejas e catedrais medievais da Europa; proibidos pela própria instituição eclesiástica, seus autores encontraram no grafite – a inscrição oculta sobre uma parede –, a maneira de preservá-los para a história. É curioso que se elaborava o desenho e, em seguida, o ocultava, pois o que ali se expunha não podia ser exibido publicamente. Esses desenhos são hoje valorizados como exemplo da arte dos séculos XII e XV, como mostram alguns historiadores, entre outros, Pritchard (1967) e G. Coulton (1915).

Conta Bernal Díaz del Castillo, em seu *Historia de la conquista de la Nueva España* (1541), que, quando o conquistador Hernán Cortés se indispôs com seus capitães no México devido à duvidosa partilha de um butim, estes mostraram a sua insatisfação através de letreiros escritos na própria parede da casa de Cortés. Estabeleceu-se uma luta de "letreiros" de parte a parte, até que Cortés deu por concluída a contenda com um grande aviso que dizia:

"Parede branca, papel de ignorantes".[4]

Esse curioso episódio não só pode ser considerado como o primeiro grafite da América Hispânica, como também proporciona, desde aquele período, várias interrogações, em especial sobre o uso de muros e paredes urbanas para expressar sentimentos (a parede tomada como papel...) e também sobre a "legitimidade" de uma prática como essa.

Desde a primeira leitura da mensagem, pode-se notar uma contradição: "Parede branca", isto é, limpa, sem inscrições (sem grafite), e, como estranha consequência, "papel de ignorantes", que posteriormente derivaria em "papel (o muro como papel) de canalha", pois, ao que parece, alude àqueles que escreveram, aos capitães infiéis. A contraposição lógica destes enunciados só admitiria a relação enunciado-consequência, ou seja, premissa-conclusão: parede suja (por oposição à limpa), consequência: papel de ignorantes. Contudo, ao retomar estes enunciados ilogicamente contrapostos, encontro uma justificativa para eles: o conquistador Cortés se serve, ele próprio, daqueles dizeres e faz com que seus destinatários (seus próprios capitães) saibam disso por meio de "uma mensagem negativa", e que ele é tão capaz quanto eles de manchar a parede... e, portanto, os escritos de seus contendores não o intimidam. É um teste de quem pode exercer uma maior intimidação pública através de tais meios iconoclastas, e encontramos assim, a partir de então, o uso do grafite incluído na produção simbólica de uma cidade "que ordena e interpreta aquela física", como disse Ángel Rama. Mas, mesmo assim, nos tempos da Conquista, a escrita pertencia ainda ao patrimônio exclusivo dos conquistadores

---

4 No original: "Pared blanca papel de necios". (N.T.)

e, por isso, pode-se compreender o medo do saber público que representa a marca do grafite, no mesmo sentido em que, anos depois, será usada nas nem sempre democráticas organizações do continente sul-americano. Permanece o primeiro grafite conquistador como o provável iniciador dessa tradição sobre os muros do Novo Mundo e também como primeira manifestação da sua mecânica textual.

Digamos que o grafite como tal se dirige contra a parede branca por impulso próprio; realiza-se sobre uma parede branca (sem marcas) e por isso em sua execução, desde as suas origens históricas e semânticas, compreenderá uma inscrição que faz do muro (branco) um cenário (representação de um motivo). Isso pode ser visto com clareza neste grafite recente (2009) na Universidade Nacional da Colômbia, meca dessas produções em nível continental, onde "atirar uma pedra" parece ser o equivalente factual de fazer um grafite num muro ✦.

Laura Silva Abello, Bogotá, 2010. "Quem quiser um mundo melhor que atire a primeira pedra. Sur."

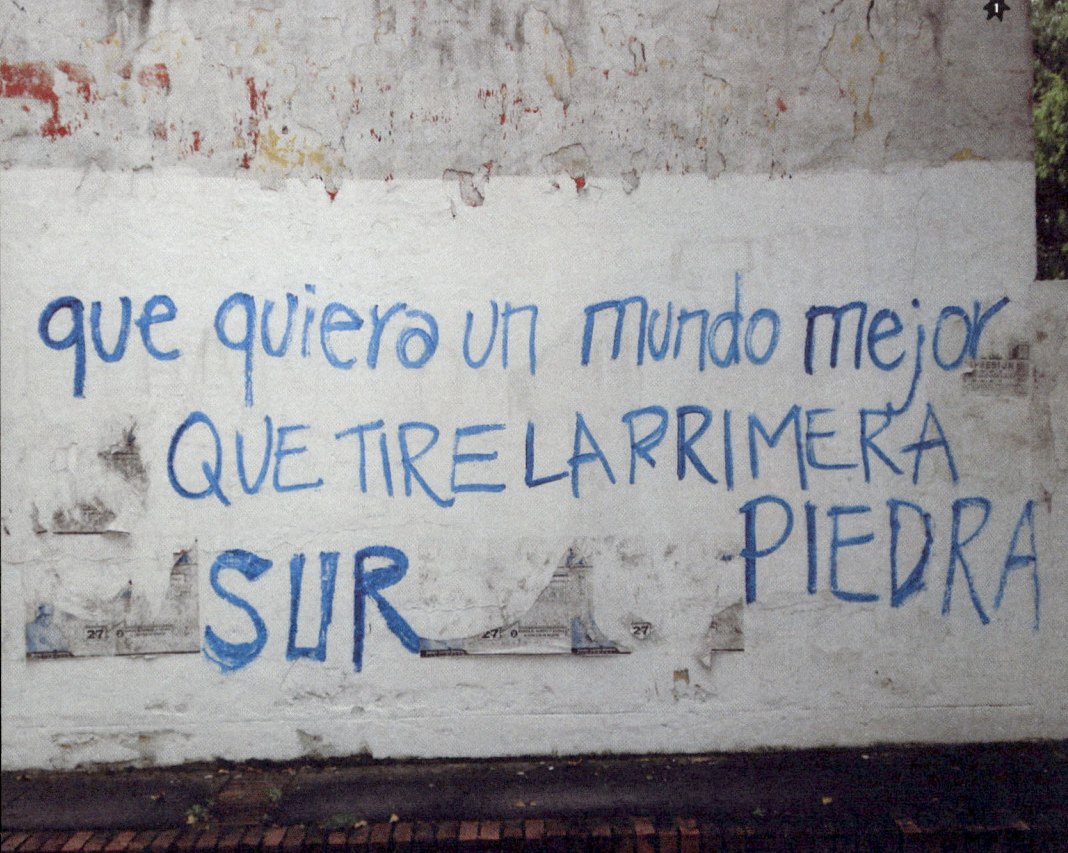

Map**a** lógico:
valências e imperativos do grafite

Nos grafemas-grafite, após cuidadosas observações das mostras de estudo,[5] originárias dos aspectos fundamentais das ideias que exponho nesta primeira parte, identifiquei sete valências, termo que entendo como *carga e disposição na natureza semântica da mensagem*. São elas: marginalidade (V1), anonimato (V2), espontaneidade (V3), cenaridade [*escenicidad*] (V4), velocidade (V5), precariedade (V6) e fugacidade (V7).

Como se poderá observar, as sete valências estarão presentes com intensidade maior ou menor, ou ainda podem nem sempre atuar todas ao mesmo tempo, dependendo da caracterização de cada mensagem. Existe uma correlação entre valências e funções comunicativas: enquanto estas estabelecem as hierarquias das mensagens entre pessoas e objetos materiais, que intervêm em todo processo comunicativo, as valências encontram-se no próprio processo, para que através de seu estudo possamos qualificar a natureza dessa comunicação e suas mensagens. Examino-as no sentido que lhes atribuí originalmente em meu estudo e que em boa parte ainda mantêm, como comentarei.

---

5   Refiro-me à mostra de 1986, que originou o livro desse mesmo ano, com mais de três mil grafites, e a seguir às mostras tomadas para o livro *La mise-en-scène du graffiti dan l'espace urbain* (1986), e também à minha coleção posterior, que avança até o presente no projeto internacional Imaginários Urbanos, dentro do programa Cidades Imaginadas. Parte desses grafites foram exibidos na exposição de Arquivos Citadinos da Fundação Antoni Tàpies de Barcelona (maio de 2007) e na Biblioteca Luis Ángel Arango, do Banco da República, em Bogotá (de março a maio de 2009), curada por Nuria Enguita e Jorge Blasco, da Fundação Antoni Tàpies.

v1. Marginalidade   Mensagens que não podem ser submetidas ao círculo oficial ou comercial por razões ideológicas, de custo ou simplesmente por sua privacidade evidenciada.

v2. Anonimato   Sua autoria é mantida em sigilo, exceto quando organizações ou grupos, mediante seu autorreconhecimento, buscam projetar uma imagem pública.

v3. Espontaneidade   Sua inscrição responde a uma necessidade que aflora num momento previsto ou imprevisto, porém traz consigo o aproveitamento do momento em que se realiza o traço.

v4. Cenaridade (*escenicidad*)   Qualidades cênicas, como escolha do lugar, desenho, materiais, cores e formas gerais das imagens ou inscrições são concebidos como estratégias para causar impacto. Esta valência vem adquirindo grande importância no novo milênio, devido às tendências estéticas que marcam seu processo nos últimos anos.

v5. Velocidade   As inscrições realizam-se no mínimo tempo possível, por razões de segurança, pelas características propriamente denotativas e referenciais ou simplesmente por presumir uma intranscendência na mensagem, que implica não "gastar muito tempo" em sua concepção.

v6. Precariedade   Os meios utilizados costumam ser de baixo custo e de fácil aquisição no mercado.

v7. Fugacidade   São de duração efêmera, visto que a vida desses grafemas não está garantida e podem desaparecer ou ser modificados minutos depois de sua elaboração.

Estas sete qualidades lógicas operam na forma de valências na elaboração de seu código de comunicação e, portanto, correspondem a condições de sua natureza. Em sentido mais estrito, estas cargas constituem a pertinência deste sistema, ou seja, reúnem as características dos tipos que este sistema comporta e são apenas estas características as que contam para a identidade do objeto.

Assim, a pertinência do sistema grafite torna impertinentes outras mensagens que são assimiladas por outro sistema; escrever, por exemplo, por estes meios marginais uma mensagem publicitária comercial como "Beba Coca-Cola" é improcedente; o mesmo não ocorre em "Beba Caca-Cola", onde a substituição da letra "o" pela letra "a", somada a certa conotação cultural da América Latina que considera as multinacionais como "excrementos", torna o anúncio explosivo. Porém, além disso, a *literalidade* da mensagem reforça a criatividade, pois em várias cidades latino-americanas costuma-se denominar familiar e carinhosamente o traseiro como *cola*.

As valências constituem a qualificação. A maior presença e ingerência dentro de uma mensagem dos sete elementos descritos aumenta ou diminui seu potencial como fenômeno grafite. Porém não se deve esquecer que em qualquer processo comunicativo intervêm outros aspectos externos, contextuais e históricos, que são, em definitivo, os que definem seu valor e sincronizam sua importância, considerando sua influência social, elementos que deverão ser assumidos como correlatos das valências em cada caso específico. No grafite "M-19 La Chispa de la Vida"✡, provoca-se uma irrupção sobre o mesmo *slogan* da Coca-Cola "La Chispa de la Vida"[6]. Porém, seu objetivo – imprimir um selo de sarcasmo ao alterar o termo M-19 (grupo guerrilheiro colombiano dos anos 1980) por Coca-Cola, conservando seu epíteto de imagem – era possível por seu lugar de inscrição: uma lousa de uma sala de aula universitária. Em outro espaço, uma rua, por exemplo, se prestaria a ambiguidades ou sua ironia mordaz não teria lugar.

Quero dizer que se, nos casos citados, a "valência" fundamental foi o anonimato, reforçado pelo lugar de inscrição, o que cotou seu valor, pode ocorrer que em outros muitos eventos se destaque outra valência, como no caso seguinte: "Você é um homem do Mundo... rs-rs-rs".

---

[6] Esse *slogan*, criado em 1972 para a América Hispânica, pode ser traduzido como "a faísca da vida". No Brasil, não houve um *slogan* com a mesma conotação. (N.T.)

Coleção Armando Silva, Bogotá, 1984.

Escrito sobre a parede de uma casa residencial, nele encontramos sua maior predisposição numa prévia "seleção" de seus destinatários, já que deliberadamente é ambíguo e exige o conhecimento de uma informação: supõe que saibamos conectar a expressão o "homem do mundo", criada pela publicidade da época (de loções masculinas), ou o homem "audacioso" (dos cigarros Marlboro), ambos feitos pela mídia com o machismo sangrento de nossa cultura, que encontra nesses comerciais um forte, mas irritante estímulo. É evidente que a autoria da inscrição poderá ser atribuída a um grupo feminista, contudo nem todos os cidadãos conseguirão alcançar essas abstrações, provavelmente só aqueles com certa formação acadêmica. Este grafite privilegia a marginalidade ao reduzir programaticamente sua expansão.

Em Buenos Aires, em 2004, surgiram várias marcas dos cidadãos, entre outras "O trabalho sexual não é um delito", que fazia referência ao assassinato de uma trabalhadora sexual (Sandra Cabrera).[7] Sua condição de desdobramento e denúncia

---

7   Pesquisa da Faculdade de Ciências Políticas e Relações Internacionais da Universidade Nacional de Rosário, Argentina, na qual se colhem 33 marcas de grafite desta natureza sob o título "Marcas da demanda social" (estêncil de autoria anônima).

nos bairros de alto poder econômico privilegiava também a sua marginalidade não só por delatar um crime do ponto de vista oficial, mas porque a própria prostituição toca, para certos setores sociais, a esfera do proibido.

Parece que quanto mais profundamente podem ser registradas suas predisposições ou valências, tanto mais eficaz é seu impacto, mas sempre atendendo à correlação com os elementos contextuais que atuam como cenários que enquadram e definem o tipo de mensagem. Assim, estas sete valências não funcionam independentemente, mas provêm de um número de "imperativos" correspondente.

Imperativos
das valênCias do gRafite

As valências coatuam dentro de um panorama social que delineia o programa grafite e são motivadas por causas sociais, às quais denomino "imperativos", onde cada valência corresponde a um imperativo; porém, assim como as valências, estes interagem como conjunto, embora um imperativo possa se destacar sobre outro na literatura dos textos concretos. Identifico aqui sete imperativos: comunicacional (I-1); ideológico (I-2); psicológico (I-3); estético (I-4); econômico (I-5); físico (I-6) e social (I-7), os quais operam com sua valência correspondente, segundo o esquema 1.

ESQUEMA 1

Valências	**Imperativos**
Marginalidade	Comunicacional
Anonimato	Ideológico
Espontaneidade	Psicológico
Cenaridade	Estético
Precariedade	Econômico
Velocidade	Físico
Fugacidade	Social

Os imperativos, uns mais imperantes que outros, conforme cada caso, constituem as exigências que desencadeiam e dão forma à ação grafite. Na elaboração do esquema 1, estipulei uma ordem que segue o que considero ser a mecânica dos imperativos.

Parto do que é em si a comunicação grafite (imperante de V1), prossigo com os imperativos temporais e concluo precisamente no imperativo social, imperante da valência mais externa, "fugacidade". Se observarmos o esquema 1 por outro ângulo, isto é, do imperativo social para cima, para o comunicacional, é possível compreender o movimento de uma dinâmica: um imperativo social que desencadeia um tipo de comunicação.

Os três primeiros imperativos (I1, I2 e I3) são de ordem abstrata e são pré-operacionais aos seguintes (I4, I5 e I6), nos quais já intervém uma operação material. Por sua vez, o estético começa por ser pré-operacional com respeito aos imperativos I5 e I6, que se debatem na contingência do necessário e possível, caso do aproveitamento das circunstâncias, uma vez que se está na "ação" de execução, eventualidades na maioria das vezes imprevisíveis.

O imperativo estético manifesta uma relação de continuidade com os demais imperantes materiais (I5 e I6), das mesmas proporções que o imperativo comunicacional (onde se realiza a comunicação propriamente) o faz com o conjunto de imperantes abstratos I2 e I3. Deste modo, a ação grafite supõe uma ideologia (I2) e uma psicologia (I3) que a condiciona e a potencializa, o que equivale a dizer que a expressão formal (I4) exige certos recursos financeiros (I5) e físicos (I6) que a materializem.

Quanto à comunicação estética do grafite, que é determinante para a produção dominante no início do novo milênio, como se verá na última parte deste livro, podemos pensá-la desde já como uma *tendência do grafite na qual as condições operacionais se sobrepõem às propriamente pré-operacionais*. Isto significa que a inclinação por um grafite-arte tende a liberar o grafite das condições ideológicas e subjetivas que enfrenta por natureza social e que, por serem estas condições estruturais, tal liberação pode levar à desqualificação do grafite, para que tal figuração passe a fazer parte de outro tipo de enunciado, como, por exemplo, da arte urbana. Aquele fenômeno conhecido como *street art* dos primeiros anos do século XXI é citado por alguns como sendo pós-grafite, precisamente por construir-se mais na expressão do que no conflito social e político da tradição grafiteira. Em outras palavras, o grafite-arte pode devir em objeto-arte antes que em inscrição grafite, embora também possa continuar existindo uma forte zona de ambiguidade, ou seja, de texto em transição, o que pode dificultar a sua classificação ou, ainda, permite pensar que estamos diante de um novo tipo de arte urbana ou pública, o que merece aprofundamento a partir dos critérios já assinalados. Entretanto,

Madelaida López Restrepo, Bogotá, 2010. "Mate-o, Pablo."

também é preciso considerar que a própria estética pode ser constitutiva do grafite, como ocorre em movimentos e grupos da segunda década do novo milênio, que utilizam o espaço urbano para realizar gestos de enfrentamento com a intenção de agredir a institucionalidade. O mesmo se dá em muitas ações que não são murais, mas que irrompem no urbano, como veremos adiante.

Por último, o imperativo social da valência fugaz representa por si mesmo a marca fundamental do grafite: a sociedade que o origina e controla. Círculo que se repete no centro do acontecer histórico e que condiciona a comunicação grafite a uma experiência conjuntural que se faz e se desfaz no ritmo das contradições sociais e políticas. A fugacidade por si só deixa ver o "perigo" territorial da inscrição, pois aqueles que se sentirem ameaçados serão eles próprios os primeiros a apagar a marca ✤. O grafite 3 perdurou apenas um dia: o sujeito desenhado, o senador Santofimio, era acusado naquele momento na Colômbia (2008) de ser o artífice intelectual, em cumplicidade com o mafioso e chefe de cartel, Pablo Escobar, do maior magnicídio do país na contemporaneidade. Eis aqui, em ação, condições "ideossocioletais" desta microterritorialidade urbana.

O esquema 2 apresenta a operação lógica analisada.

ESQUEMA 2
Imperativos e valências do grafite

Pré-operacionais	Operacionais
Comunicacional	Estético
Ideológico	Econômico
Psicológico	Material

Pós-operacional

Social

Grafite pobre:
informação, manifesto e afresco mural

A qualificação "pobre" identifica textos ou figuras que, embora mantendo-se no circuito grafite, *carecem de uma das valências básicas*. O anúncio "Jesus Cristo é o Caminho" colocado sobre uma porta, sem dúvida, faz com que a cenificação se destaque por sua clara realização; quando o contexto porta se integra ao referencial de "caminho", podem da mesma forma coatuar a partir de diversas valências, embora a V1 não esteja representada. O significante "Cristo" é circulável por outros meios; o contexto ético, moral ou social não impede sua escrita, antes a estimula. Em tal perspectiva poderia tratar-se de um tipo de "informação" mural, mesmo mantendo certas marcas de ambiguidade que são as que justificam ainda sua inclusão grafite. Este difere do grafite em que, num muro público, a cruz do Cristo crucificado se torna um grafema afrontoso e Cristo sai de um pênis ✿, com o arremate da palavra *marica*; aqui adquire potência o grafite.

Na imagem seguinte, pode-se observar o comunicado divulgado e assinado por um grupo de estudantes, convocando para a paralisação cívica nacional ✿. Tal comunicado, que evidentemente não se exclui do anonimato, mas antes convoca a cidadania para uma "marcha solidária", pode ser considerado um caso de "manifesto mural". O trabalho deste manifesto inclui um cuidadoso exercício formal, como se

Coleção Armando Silva, Bogotá, 1984.

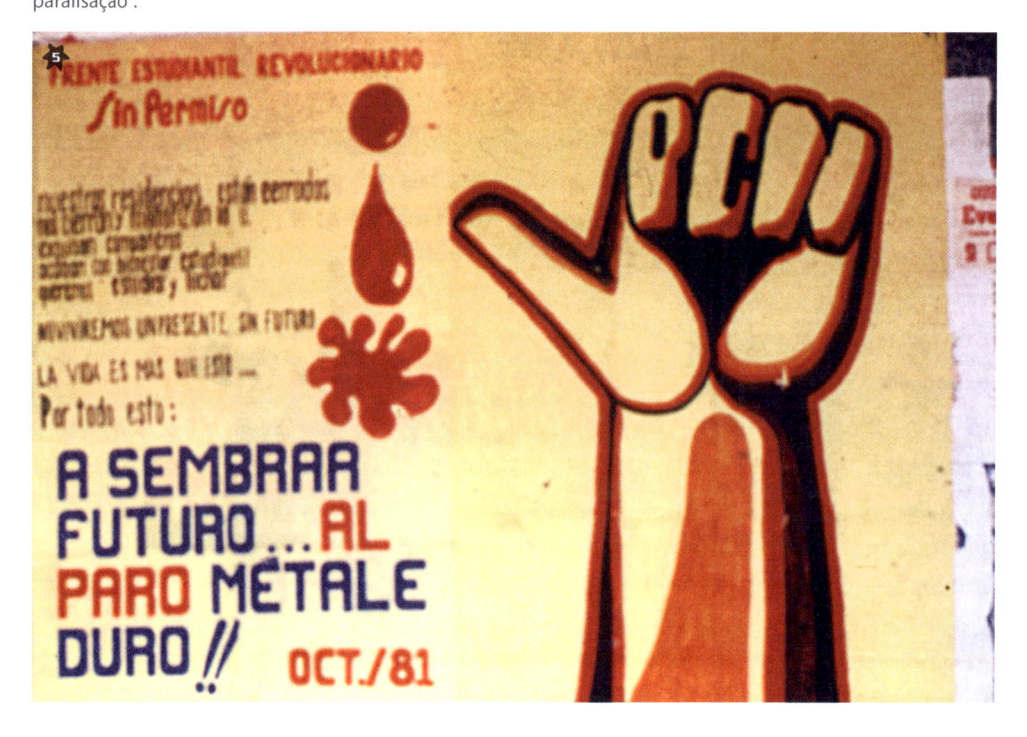

Coleção Armando Silva, Bogotá, 1981. "Vamos semear o futuro… Aguente com força a paralisação".

Karla Rodríguez, La Plata, Argentina, 2008.

pode ver no "monograma" obtido, na parte direita do texto, no punho da mão, com a indicação gestual "vamos", que compõe simultaneamente as letras de seu objetivo P (paralisação) C (cívica) N (nacional).

O "afresco mural" em La Plata, Argentina (2008) ✦, pode integrar por sua vez o "afresco urbano" e o grafema "grafitográfico"; mistura de pintura mural, poesia e grafite, elaborado num bairro popular, propõe uma estrutura narrativa. Esse mural-grafite, ou "projeto" – ou "afresco", como prefiro considerá-lo devido a sua mistura de materiais unidos por uma proposta mural –, carece do fundamento da espontaneidade, tanto na produção como na circulação de seus enunciados. Pode-se comprovar sua não fugacidade por ter, o texto original, permanecido intacto durante as visitas de observação.

O grafite de qualificação pobre se insere no sistema grafite, pois nele coexistem as valências pré-operacionais propostas para tal condição. Convém ter presente que a qualificação pobre também corresponde a uma ambiguidade do "meio" e aos momentos de transição dos mesmos. Em outra seção deste livro, examinarei com mais atenção o uso que o grafite vem fazendo de outros meios.

Poderíamos dizer que o sistema da comunicação grafite, tal como foi desenvolvido, prevê certos imperativos como indispensáveis — I1, I2 e I3 — para a inclusão de um texto neste circuito; ou seja, *a inscrição urbana que chamamos grafite corresponde a uma mensagem ou conjunto de mensagens ou expressões filtradas pela marginalidade, pelo anonimato e pela espontaneidade.*

De fato, como evidenciamos, a inscrição urbana que carece de marginalidade pode ser denominada mais precisamente de "informação mural"; se carece de anonimato, pode ser chamada de "manifesto mural"; e, se exclui a espontaneidade, por oposição ao espontâneo, podemos denominá-la "afresco mural". Para todos esses gêneros urbanos, tomo a palavra "muro" (do latim *murus*) no sentido mais geral de limite de uma cidade, de lugar circunscrito por um limite, e daí se pode deduzir então algo mais amplo e certeiro para entender "muro" como sendo *todas as superfícies dos objetos da cidade física estendidos agora aos muros midiáticos e virtuais como lugares limites, eventuais espaços de inscrição e representação.*

Apesar de tudo, a valência que regula essas condições, conforme o esquema 2, é aquela que atua a partir de "fora" do sistema grafite, ou seja, a "fugacidade", pois é o imperativo social que origina as descargas que colocam em prática a constelação dos enunciados "grafitográficos".

Os demais imperativos e valências são de outra natureza, como já afirmei, de ordem material e expressiva e, portanto, inseparáveis da marca grafite, visto que, como qualquer comunicação expressa através de textos, esta comunicação só existe quando materializada, embora a desmaterialização venha ocorrendo nos últimos anos para dar lugar a novas cenificações ou ainda para produzir a chamada arte pública. Assim, o que uma mensagem grafite precisa para não possuir tal categoria seriam as valências V1 ou V2 ou V3, e na ausência de uma delas talvez o texto possa entrar no circuito de "qualificação pobre do grafite" ou, então, ficar definitivamente fora de sua radiação. O que determina uma ou outra de tais opções serão estritamente as circunstâncias histórico-sociais. Pensemos no número infinito de mensagens em grafite escritas, no final dos anos 1970, pelos sandinistas na Nicarágua ou por seus simpatizantes, antes da queda de Somoza, inclusive algumas escritas com grande dramaticidade[8] contra o odioso vigário-geral. Será que poderíamos pensar que na Nicarágua, durante o governo sandinista (2010), aqueles que faziam inscrições contra o mesmo Somoza ainda podem ser considerados realizadores de enunciados grafite? Somente enquanto as condições básicas de marginalidade, anonimato e espontaneidade tornassem a ser imperantes e animassem tal escrita.

Entretanto, podemos acrescentar ainda algumas considerações estruturais a este esquema das valências e imperativos, para torná-lo menos rígido e mais de acordo com as novas manifestações nos anos do novo milênio, que podem ser incluídas como ações grafite. O anonimato estaria sendo contestado por expressões que irrompem no espaço urbano – como nos movimentos desenvolvidos em Manchester e outras cidades, como Amsterdã –, em atos relacionados com sexualidade em espaços públicos entre mulheres, entre homens ou entre heterossexuais, nos quais se realizam manobras como "beijos prolongados" ou gestos obscenos com o fim de escandalizar os transeuntes, ou também em decisões prévias entre casais, como "embriagar-se num bar e depois ir ao parque praticar

---

8 Refiro-me ao documento filmado pelos sandinistas e distribuído em várias cidades do mundo, que pude ver em Bogotá (U.N., 1978), no qual surgem cenas dramáticas: numa delas, um cidadão baleado cai morto e seu sangue é recolhido por um companheiro, que o usa para escrever em um muro a frase "revolução ou morte". A materialização e realização do símbolo referencial na mesma cena enche de espanto a vivência de um documento grafite tão impressionante.

atos sexuais".[9] Algo de outro teor, mas na mesma linha de sexualidade como evidência contra o instituído, se apresenta no que vem sendo chamado de "microterritorialidades", em que se plasmam ações de identidade entre sujeitos coletivos e se usam como "representações individuais ou coletivas", dentro das quais se destacam várias "microterritorialidades homoafetivas" (Pinós da Costa, 2012, p. 263), quando o homoerotismo "atua com caráter transgressor sobre o espaço público questionando a sociedade heteronormativa" (p. 270). Nesses casos não há anonimato: antes, há uma clara exposição de rostos, corpos e pessoas identificadas, pois é justamente sobre essa demonstração de identidade que a ação transgressora opera e, portanto, ingressa no nosso sistema grafite.

Algo semelhante ocorre com a valência da marginalidade, pois existem várias manifestações que hoje atuam usando os meios de comunicação e, em especial, os novos meios digitais e em rede, que nos situam em outra dimensão diferente dessa clandestina anterior. Mais adiante, veremos a passagem do muro para as telas e o uso desses circuitos para irromper em casos como o dos movimentos dos indignados ou do surgimento dos *anonymous*. Sobre a espontaneidade, também há novidades, já que nos nichos estéticos (na parte final desta obra) veremos a organização que algumas intervenções urbanas requerem, e que por isso deixam de lado o espontâneo, preferindo uma preparação; a espontaneidade opera apenas no impacto provocado quando levado à cena urbana o que já foi previamente calculado.

Apesar das observações mencionadas, sustento o esquema do sistema grafite, pois essas sete valências e seus conseguintes imperativos continuam vigentes para, a partir de sua base lógica, dar-nos a opção de qualificação de fatos dessa natureza grafite, embora algum evento possa se afastar de alguma delas; no

---

9   Segundo exposto por Jonathan Binnie, da Universidade de Manchester, no II Seminário Internacional sobre Microterritorialidades nas Cidades, realizado na Faculdade de Ciências e Tecnologia, da Universidade Estadual Paulista (Unesp), *Campus* de Presidente Prudente, em São Paulo, em 11 e 12 de novembro de 2012.

entanto, precisamente por ser possível analisá-los a partir desse esquema é que podemos ver se entram ou não no circuito, seja com os novos meios da contemporaneidade midiática e urbana, e fazendo as hierarquizações de grafite pleno ou de qualificação pobre. A evolução dessas marcas de rebeldia, com a passagem do tempo e com as tecnologias das quais vão se apropriando, demanda reinterpretações de modo permanente. Nas décadas que vamos examinar, poderemos ver a técnica aplicada e como esta afeta o modo de exposição da marca.

O grafite contracartaz, as pichações em São Paulo e a desmaterialização a partir do grafite digital

Outro dos procedimentos usados com qualificação grafite a partir de sua ação mural é a reutilização de cartazes. Esta técnica, que teve vários cultivadores ao final dos anos 1970, foi utilizada como insurgência contra as mensagens de multinacionais e grandes empresas comerciais, baseando-se na intervenção e na perturbação do próprio *design*. Elaborou-se, assim, com o *design* de "Marlboro", com o mesmo logotipo da fábrica, uma modificação em que as letras agora anunciavam "Marihuana" ("maconha"); ou se apresentava o rótulo da cervejaria colombiana Bavaria, colocando no final como *slogan* "Já basta de embebedar o povo", e outras expressões semelhantes.

Nos anos 1980, surgiu uma nova modalidade em que já não se apresentava como reprodução do *design* de fábrica, ou seja, não se elaborava um novo objeto, mas se aproveitavam os já existentes, como o caso daqueles que apareciam em cartazes e *outdoors*. Sobre estes, sobreveio uma espécie de "operação metralhadora", já que se tratava de *perverter o sentido da mensagem original* para revelar os profundos interesses econômicos atribuídos à fonte do anúncio. Destacou-se neste projeto o trabalho executado pelo grupo estudantil Sin Permiso ("sem licença"; 1981, em Bogotá), sobre o anúncio da fábrica de refrigerantes Pepsi-Cola. O *slogan* "Vamos junto a Pepsi ya" ("Vamos junto à Pepsi já") foi recriado com a palavra *pueblo* ("povo") ✱.

Coleção Armando Silva, Bogotá, 1981. "Vamos junto ao Povo já! 2ª Paralisação nacional!"

Esta guerra fria pela supremacia sobre o muro foi sustentada pela Pepsi e pelo grupo Sin Permiso por duas "rodadas", nas quais a fábrica de refrigerantes insistia em colocar seu *slogan* e o Sin Permiso tornava a modificá-lo com sua marca obstinada. Por fim, latas de tinta branca foram lançadas pela empresa anunciante sobre o muro, ditando o fim do conflito em favor de uma parede crua, sem "nenhuma" mensagem.

O esquema 3 recolhe a tensão entre construção positiva e negativa das inscrições urbanas.

ESQUEMA 3

Inscrições urbanas

Não grafite (textos de construção positiva)	Cartazes e outdoors, anúncios e meios publicitários (inscrição mural sem qualificação de grafite)
	Informação, manifesto e projeto mural
	Informação, manifesto e projeto mural • Murais recreativos • Divertimentos na web
Grafite (textos com valor negativo)	• Textos degradados (contracartaz, manchas e borrões, pichações etc.)
	• Mensagens web e marcas digitais com o poder de convocatória antissistema
	Grafite, qualificação pobre Informação, manifesto e afresco mural
	Grafite qualificação plena
	Arte pública e intervenções em objetos urbanos

Desta maneira, aquilo a que se opõe diametralmente a iconoclastia do grafite é o anúncio publicitário, que, no que se refere ao grafite, pode ser entendido como um anúncio mural sem nenhum filtro básico pré-operacional: o texto publicitário não é antecedido nem pela marginalidade nem pelo anonimato nem pela espontaneidade; ao contrário, o próprio ato da enunciação exclui estas condições negativas. Enquanto o grafite se constrói sobre uma valorização negativa, própria de sua inerente proibição, a publicidade é, em sua origem, um ato positivo. Isto supõe que a positividade da publicidade exigiria, da mesma forma, um quadro semântico de imperativos, onde valores como "consumo" e "reprodução de capital", entre outros, atuariam como modelos sociais e ideológicos de seus respectivos objetos.

Não obstante, entre a marca grafite e o logotipo publicitário, os dois protótipos extremos dos anúncios murais, mediam várias inscrições que se situam em diferente metamorfose. O grafite contracartaz "recupera" o cartaz para o território do grafite, enquanto a "moda comercial grafite" (marcas de calças etc.) "recupera" o grafite para o terreno da publicidade. Entre uma modalidade e outra, o olhar social atua como mediação: o olhar da aprovação ou da reprovação. Eis aí a suprema contingência do que chamamos grafite, que não por acaso se associa com tanta familiaridade ao sentido literal da marca: um reconhecimento efêmero ou de eventual ou imediato desaparecimento.

O anterior não impede que por fora dos muros haja inscrição grafite. Quando se afirmar, de modo coloquial, que tudo o que está num muro é grafite, ponto de onde partiu a reflexão crítica deste livro, do mesmo modo se pode corroborar agora, depois das reflexões apresentadas: o grafite não está só nos muros.

Essa desmaterialização do objeto do lugar em que se realizava permite situá-lo em qualquer contexto onde se reproduza uma figura que carregue consigo a ideia de violar uma proibição. Abre-se assim o panorama para reconhecer a existência de grafites eletrônicos, que circulam pela web, como ocorreu com o que pode ser considerado o primeiro grafite digital: *Michelangelo*. Em 6 de março de 1992, produziu-se esse vírus aterrorizante que paralisou e danificou milhares de sistemas, em especial os bancários, visto que naquele momento não existia nenhum antivírus capaz de detectá-lo, e muito menos de eliminá-lo. Seu autor, ao que parece, era um admirador do célebre artista italiano do Renascimento, Michelangelo Buonarroti. O terrível vírus/grafite foi isolado na Suécia pelos pesquisadores judeus Uzi Apple e Yuval Tal.

Desde então, o grafite eletrônico é parte da conhecida "cultura pirata", com inúmeros *blogs*, como o *Espacio Urbano Cultural Dominicano*, da República Dominicana, ou a seção *Cultura Pirata*, de Guadalajara, México. Ou em vários vídeos de *hackers Piratas do graffiti* no YouTube, em especial de jovens brasileiros que preencheram lacunas com suas produções, na maioria das vezes, jogos acrobáticos de adolescentes, próximos às *pichações* – como se denominam nesse país ações consideradas indecorosas e um tanto acrobáticas, nas quais os adolescentes tentam, com audácia, manchar objetos ou colocar as iniciais de seus nomes, ou *nicknames*, no alto de edifícios ou torres de igrejas.

A diferença entre o grafite e a pichação no Brasil pode ser encontrada em um texto de 2009,[10] onde o grafite é entendido como uma comunicação urbana mais elaborada, próxima à arte urbana (como veremos adiante), enquanto a *pichação* é algo mais grosseiro e ligeiro, próximo às brincadeiras de adolescentes sobre muros ou outros objetos como trens ou igrejas, ou ao vandalismo, e que muitas vezes é feita com a intenção de ofender ou insultar.[11]

Porém, não aparece só aquele tipo de grafite eletrônico. Com a revisão do conceito de grafite, surge também a arte-grafite,

[10] "Arte de rua – grafite e pichação", postado pelo professor de história Daniel Holanda, em seu *blog Limiares da História*.
[11] Como explica o *designer* e fotógrafo brasileiro Hélcio Magalhães em *e-mail* endereçado a mim, em 13 de outubro de 2009.

próxima à arte pública, como veremos, ou até mesmo discursos grafite, em rebelião contra contextos onde se filtram mensagens inspiradas por uma oficialidade discursiva. O grafite passa a ser emblemático de uma escrita e representação social do proibido.

Grafite Pela Estética: "Ai, eu Morro"

As diferentes mensagens da coleção das décadas de 1970 e 1980 respondem, em sua maioria, a uma estrutura verbal, e seu impulso referencial, comunicativo, constitui a maior necessidade de seus protagonistas. Escrevem chamadas ou anúncios de grande economia na escrita, desenvolvendo, ao mesmo tempo, técnicas breves e concisas que se assemelham a procedimentos telegráficos, como o seguinte: "Mais (grupo paramilitar colombiano) = Exército". Nessa mensagem, a necessidade de informar e responder se manifesta na velocidade com a qual se elaboraram seus traços, concebendo-se uma notória economia com a inclusão de um índice aritmético que condensa a estrutura da escrita.

Na grande maioria, esses gráficos são descuidados e velozes, dominados pela função principal de grande parte do grafite dessas décadas, que é a de contrainformar; como código linguístico, subjaz nesses grafemas a função semiótica das línguas: comunicar. No entanto, deve-se considerar que esta função não é cumprida apenas pelas línguas e que não é só pelo fato de se proferir um código verbal que este sempre seja comunicativo. Ao observarmos o grafite sobre um funcionário que estava sendo criticado (2004), vemos que sua forma, a curvatura na direção da escrita, os dois segmentos imagem e texto, a mudança de cores, os sinais exclamativos, a parede

Coleção Armando Silva, Bogotá, 2004. "Já sabemos por que diz que está 'tudo bem'."

selecionada – que é praticamente coberta pela mensagem –, tudo isso começa a exibir um interesse plástico, uma certa ênfase na forma. Porém, continua sendo um velho grafite de denúncia. Na medida em que a tendência estética se acentua, a forma, ou cenificação, se torna determinante e, se ainda persistir a função comunicativa, esta se apresenta como hieróglifo para interpretar a partir das sugestões associáveis e de acordo com os guias textuais e contextuais da mensagem.

A informação que se pode obter, na imagem das figuras falantes, pela indicação escrita, é reiterada por um costureiro de bocas e três rostos fechados depois da operação "costura". Entretanto, este grafite já apresenta uma relativa autonomia como figura e pode ser apreciado plasticamente como composição de caráter dramático.

Contudo, se a função estética prevalece sobre as demais funções de uma mensagem (comunicativa, referencial...), então estamos diante de uma maior dimensão poética, na qual as unidades formais se equivalem com aquelas do conteúdo, como esta de caráter musical, em que, com balões coloridos

Coleção Armando
Silva, Bogotá, 1982.

Coleção Armando
Silva, Bogotá, 1980.

estourados sobre uma parede branca, pretende-se dar ênfase a uma decodificação do sentido das palavras e das ideologias; ou como a da imagem, onde, com um jato de tinta, se quer imitar um rascunho da ação do impressionismo abstrato da escola de Pollock (1912-1959) e seus colegas 🟊. A estratégia é clara, já que a preocupação é obter uma demonstração visual, recordando também certos postulados dos surrealistas, quando pretendiam desautomatizar a escrita, buscando criar impressões diretas na improvisação. Neste caso, as impressões são obtidas pelos efeitos dessas manchas dispostas dentro de uma distribuição espacial obtida ao acaso.

De acordo com essas mensagens mistas icônicas, a estrutura semiótica pode cobrir o verbal ou, separando-se desta estrutura, ocasionar no grafite uma proposta não exatamente comunicativa, mas estética, fática ou metaoperacional, nas palavras de R. Jakobson (1963). Em *Ay me muero* ("Ai, eu morro") 🟊, observam-se as letras grossas e sangrentas, a escrita exuberante e passional com que se conjura o observador, valendo-se de um relevo do canal, provocando essa "metaoperação" que excede o significado referencial. Aos níveis de expressão e conteúdo, acrescentam-se substância e forma, como propôs L. Hjelmslev (1943), para indicar que uma imagem possui quatro elementos: substância de conteúdo, forma de conteúdo, forma de expressão e matéria da expressão, ou seja, território cultural, organização de seus significados,

Bruno Giovannetti,
São Paulo, 2009.

organização de uma substância e matéria física da qual a mensagem está composta.

Neste último grafite, os dois elementos formais, o da expressão e o do conteúdo, que são propriamente os níveis comunicativos em qualquer mensagem, se manifestam, seguindo este modo de análise, assim: forma da expressão, as letras codificadas na mensagem *Ay me muero*, uma exclamação com pronome pessoal e o que se infere do sujeito, a morte. Forma do conteúdo, que corresponde à maneira como uma coletividade, ou o uso de uma língua, torna um significado competente ou pertinente. Em espanhol, a morte expressa com o auxiliar "estar" e não com o "ser" dá uma perspectiva temporal que a coloca num estado passageiro, à espera de outra vida posterior. Assim, o *Ay me muero* não é "sou/estou morto" (como, por exemplo, em inglês, *I am dead*). A substância do conteúdo, que corresponde aos profundos simbolismos de uma comunidade cultural, tudo o que é possível significativo, o indicativo, algo como aquela substância hipotética que corre por baixo de todas as mensagens sem

Coleção Armando Silva, Bogotá, 1983. "Ai, eu morro."

que ainda nenhuma tome forma, mas quando a adquire já é uma indicação concreta. Aqui já aparece não só a estrutura lingual da forma castelhana, mas a geografia, a história, circunstâncias concretas. Essa inscrição situada numa parede de universidade (1982) pode expressar um cansaço imediato de seu protagonista, uma ironia ou uma piada diante de qualquer fato imediato; no entanto, suas conotações ambientais podem ser muito amplas: as frustrações nacionais nesse momento (Bogotá) eram muito grandes, a universidade pública vivia talvez seus anos mais rudes e mais desestabilizadores, em plena época do Estatuto de Segurança do ex-presidente Turbay Ayala, que correspondeu na Colômbia ao período das ditaduras militares do sul do continente. E, por último, a matéria da expressão, que reporta a todos os elementos da matéria: paredes, cores, pigmentos, pincéis etc. e, nos últimos anos, aos meios analógicos ou digitais, como redes sociais ou internet, elementos que não podem ser vistos indiferentemente. Sua função não está destinada diretamente a comunicar; no entanto, destacam-se as instâncias da composição estética e linguística da mensagem: metacomunicam, caso se prefira.

Seria possível dizer que, naquele momento, o grafite na América Latina recolhia e ampliava o que ocorria em várias cidades ocidentais, onde se desenvolveu como prática contrainformativa, criando, por sua vez, uma notável capacidade de ironizar[12] e questionar a realidade circundante, ampliando desse modo uma cultura urbana de resistência. Não obstante, já desde os anos 1970, foi-se acrescentando um elemento formal que vem exigindo, principalmente em setores universitários e artísticos, um questionamento e uma resolução plástica em suas mensagens, o que o dota de uma nova dimensão que, em parte, pode ser entendida como *alternidad*, embora prefira considerar como dimensão estética que já se evidencia na forma

---

12 O discurso irônico é definido por Ducrot como uma antífrase, então: "Consiste sempre em fazer dizer, por alguém diferente do locutor, as coisas evidentemente absurdas [...]. Expressa-se, então, uma figura que modifica um sentido literal primitivo para obter um sentido derivado" (Ducrot, 1984, p. 210; tradução minha).

Madelaida López Restrepo, Bogotá, 2009. "O presidente me dá medo."

em destaque do *Ay me muero*. Eis aqui onde começou a se dar um encontro, de certa forma previsível, entre o impulso para o grafite e a natureza da arte: a reivindicação da imaginação plástica e, de outro lado, a superação da mensagem referencial linguística, por um resultado de tipo semiótico, ao fazer da forma um componente integral de seu programa; e é graças a esse material simbólico que esse gênero comunicacional urbano ganha cada vez mais projeção estética.

É compreensível, portanto, que nessas inscrições urbanas adquiram importância cada vez maior o uso da cor, suas dimensões, deliberações, suas formas e também seu encaminhamento para mensagens icônicas, em que muitas vezes se nega a participação das palavras, restando apenas uma imagem para atestar e sustentar a presença do enunciado e, nos últimos anos, compartilhando estratégias com a arte pública; torna-se notória a influência da intervenção em objetos, do pré-formativo ou mesmo sua temporalização dentro de um fato político. Temos um bom exemplo disso na foto da documentarista e fotógrafa colombiana María Adelaida (Madelaida) López Restrepo quando registrou o grafite "O presidente me dá medo" (2005) ✱, porém justamente quando algumas inocentes crianças em uniforme de escola passam diante do muro; deste modo, torna-se coautora do grafite, que poderia ser muito vago e insosso em seu sentido, mas que, ao revelar seu conteúdo diante de "criaturas inocentes", se torna uma forte inscrição e um protesto enérgico contra o poder. Trata-se assim de um gesto pós-moderno, agora do início do século XXI, em que se reescreve o grafite, fazendo de seu original apenas uma desculpa para uma intervenção.

Para chegar ao uso do grafite como fato estético seria preciso prever, ao tomar em conjunto diferentes iconografias urbanas de cidades ocidentais, quatro tipos de composições que foram evoluindo.

Primeiro, os grafites que informam ou contrainformam, através de códigos verbais em que a direção referencial retira toda a importância da forma, como se vê em Montevidéu, na foto que alude à busca de expressões visuais por sua colocação no prédio da justiça 14.

Segundo, os grafites mistos, nos quais as palavras rivalizam com as imagens e existe uma relativa igualdade entre ambiente estético e linguístico, como no deste edifício em São Paulo 15.

Terceiro, os grafites de formação icônica, nos quais a poeticidade tende a suprir a referência e é programada para produzir um efeito estético, arrancar uma emoção que provoque um choque com nossas crenças e valores, ou para simplesmente nos proporcionar uma diversão ou um estimulante efeito visual, como faz o grupo cultural Awyaca (do sul da Colômbia), que ao reutilizar o desenho pré-colombiano elabora composições com grande riqueza de cor e forma, semelhantes a totens 16, buscando com eles sensibilizar-nos sobre nossos antepassados pré-hispânicos.

Quarto, os grafites pobres em movimento. Trata-se de imagens produzidas dentro do próprio movimento e cuja natureza é ocasional, como esta maravilhosa imagem produzida mais pelo acaso urbano (Cidade do México, 2007) 17 em que, como numa *performance* artística, seu observador deve perguntar a si mesmo: "por que isso aconteceu?", "o carro estava mesmo a

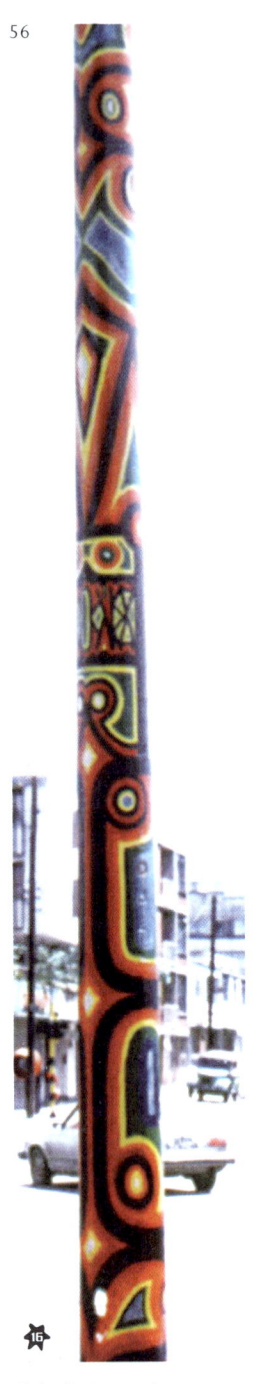

Coleção Armando Silva, Bogotá, 1982.

Óscar Bonilla, Montevidéu, Uruguai, 2003. "A moral é mais perigosa que a aids".

Coleção Armando Silva, São Paulo, 2008.

Karla Rodríguez,
Cidade do México,
2007.

40 quilômetros por hora embora o impacto pareça mostrar uma velocidade descomunal?", "houve mortos?" Enfim, a imagem se torna uma narração urbana comovente e adquire uma involuntária dimensão estética entre arte e grafite, enquanto o fotógrafo/documentarista aumenta o valor de reescrever sobre o fato ocorrido, dotando a imagem de uma nova valorização estética. Neste caso, nasce um "grafite pré-formativo" urbano, que não precisou de grafiteiro algum, pois é como se a própria cidade se escrevesse a si mesma.

Como veremos a seguir, estamos diante de um fenômeno com vigorosos instrumentos que não podem ser desconhecidos em seus diversos alcances; tampouco podem ser desprezados a criatividade e o poder de luta de que se dotou. A partir dos cenários grafite, bombardeiam-se, permanentemente, as redes centrais e oficiais de informação, numa prática designada como "guerrilha semiológica", conforme expressão de Umberto Eco (1978); entrando em circulação um signo, um discurso, um texto emitido a partir dos centros de dominação, provoca-se uma dupla inflação: uma econômica e outra simbólica. Porém, como se antecipou, o grafite no novo milênio está se "libertando" de seus usuários tradicionais, ou seja, está deixando de ser privilégio de grupos militantes, para dar espaço a um âmbito de expectativas muito mais amplas, do qual muitos — sejam eles independentes ou alinhados, revolucionários ideológicos ou não, homens ou mulheres, e, claro, artistas e documentaristas — se valem cada vez mais, imprimindo marcas próprias, até conquistar uma certa estilística que se pode admirar por sua variada gama de aspectos novos.

Ampliação do grafite: vacas enroladas em Buenos Aires, cartazes assustadores na Cidade do México

Neste item, não abordarei especificamente o grafite, mas tratarei de expressões vizinhas com alguma "qualificação", bem como de outras fora de seu circuito. Incluímos estas últimas para destacar a capacidade e o nível expressivo de certas práticas rituais de alguns setores urbanos que, com vistas a esse propósito — expressividade pública anônima e coletiva — se tornam familiares do grafite. Este estudo teve de ultrapassar o nível comunicativo das imagens de rua para preocupar-se com sua expressividade, e neste ponto justificamos a inclusão de outras representações (associadas) que, de acordo com nossos parâmetros e definições, *não são propriamente representações de grafite*.

São objetos de natureza diversificada; desde árvores nos parques nas quais é frequente encontrar gravadas célebres frases de amor, um coração partido por uma flecha e as iniciais de seus orgulhosos amantes; desde livros que, lidos na recôndita solidão de uma biblioteca, vão de passagem sendo rabiscados durante o tempo de sua leitura; até objetos de estrita definição urbana, como postes, cabines telefônicas, encostos de bancos dos ônibus e teatros, mesas de restaurantes e inclusive o próprio corpo humano, que pode servir de estandarte de mensagens de rua de tribos urbanas em Santiago do Chile 🔖. Do mesmo modo, há toda uma série variada de objetos que podem ser riscados e manchados ante o "descuido" das autoridades ou, ainda, ações não necessariamente ilegais que imprimem uma visualidade ou uma marca, desde que sejam de circulação pública. Não é estranho localizar a inscrição sobre o cimento fresco de uma rua ou sobre um cartaz que anuncie qualquer evento. Esta mania "grafitográfica" – que pode ser perturbadora na aparência e integridade das coisas – é, por outro lado, uma resposta à necessidade de expressão individual ou grupal que, ao mesmo tempo, revela um desejo de participar e, muitas vezes, mostra a engenhosidade e a criatividade de uma população que está à margem das decisões da cidade, bem como pode manifestar a expressão de ódio, raiva ou vingança.

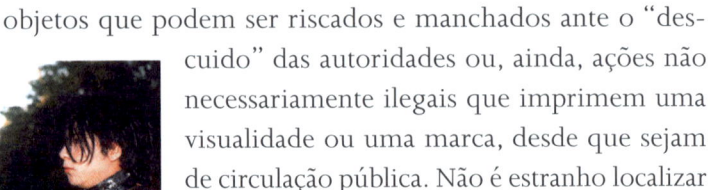

Pode haver "composições ambientais", a exemplo daquela em que seus gestores aproveitaram um tubo solto e sem função de uso num banheiro de uma universidade e, ao redor dele, desenharam testículos que, pela posse atribuída a ele – nada menos que a de Karl Marx –, resultavam numa ironia mordaz. Marca-se território Okupa em Barcelona 🔖, enquanto em Toronto, o grafiteiro interveio numa placa de trânsito para aproveitar o *Stop* ("pare") 🔖 com a nova mensagem remodelada: "Stop rape" ("Não estupre"). Essas intervenções nos sinais de trânsito se iniciaram como estratégias possíveis nas cidades da "cortina de ferro" nos anos 1970, e é possível observar várias delas em Belgrado e Montenegro, na antiga Iugoslávia. Seus autores me contaram, durante um encontro de "Arte dos países

José Errázuriz,
Santiago do Chile,
2002.

Coleção Armando
Silva, Barcelona,
2007.

Coleção Armando
Silva, Toronto, 2010.
"Não estupre".

não alinhados",¹³ que era "a única coisa que lhes restava a fazer", pois o grafite naquele momento e naquelas cidades consistia em posicionar-se contra o sistema socialista, e perturbar os sinais era "uma forma de corromper o sistema", pois a outra forma, o que se fazia nos muros, era mais uma propaganda para o sistema.

Nestes últimos exemplos, a exuberância gráfica das cidades latino-americanas brilha por si só: pode-se apreciar uma ágil e inteligente operação, quando a presidente da Argentina (2009), Cristina Fernández de Kirchner, num enfrentamento que começou em março de 2008, pretendia elevar os impostos das exportações de grãos – medida que, no fim, foi desativada pelo Congresso após semanas de multitudinárias manifestações de protesto e bloqueios de estradas que desabasteceram as cidades de alimentos. Nessa atmosfera, surge esta instalação grafite: a vaca, símbolo do país da "melhor carne do mundo", enrolada numa bandeira nacional ✦, a ironia não poderia ser mais contundente. No *outdoor* na Cidade do México, em 2007, sobre um edifício em ruínas, resultado do terremoto de 1986, será que a memória urbana intervém sem prever, revelando

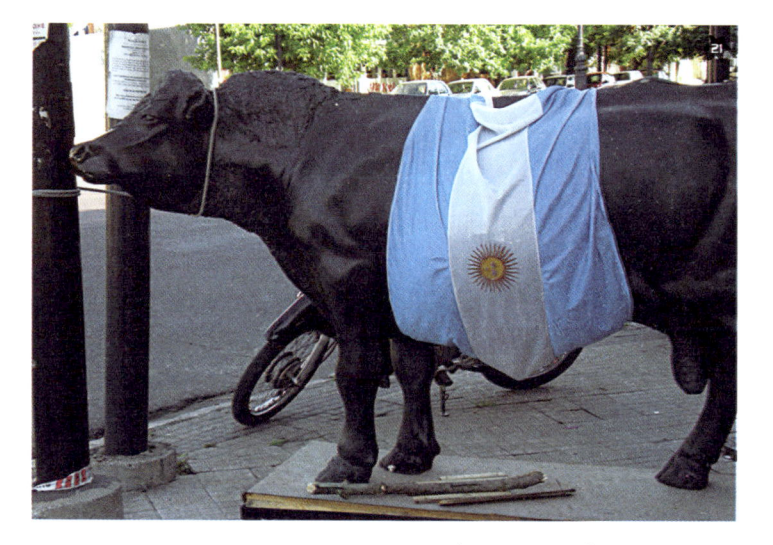

María Martha Aguirre, Buenos Aires, 2010.

13 Pela École de Hautes Études en Sciences Sociales de Paris, onde fazia meu doutorado com o professor Christian Metz, e por sugestão dele, participei do encontro *Memorial of the International Simposium on Art and Development*, em Titograd, Iugoslávia, em outubro de 1985, com uma comunicação sobre "Arte e grafite". Depois me reuni com diversos grafiteiros locais e com eles percorri as ruas daquela cidade e de outras do país.

Coleção Armando Silva, Cidade do México, 2007. "É uma armadilha. O jogo do medo IV."

o protagonismo do medo urbano? Novamente, um caso de grafite sem grafiteiro, em que a própria urbe, em sua mecânica delirante, se encontra diante do acaso iconográfico 22 – tema em que insistirei na última parte do livro, juntamente com o que se denominará "projetos urbanos".

Formas e lugares de inscrição

Desde o final dos anos 1980, o grafite vem passando por transformações estruturais. Eu vejo da seguinte forma: antes de sua vocação como arte pública própria do novo milênio, foi redescoberto sob uma nova dimensão figurativa, que foi gerando uma especial atenção sobre seu tratamento formal. Já não importa apenas escrever mensagens e encher as paredes de palavras de ordem, geralmente políticas, mas também é relevante o modo como se diz, e esses propósitos plásticos registram uma verdadeira evolução em sua "linguagem". Mesmo as organizações de maior concentração discursiva em suas reivindicações políticas e que mais usavam o grafite, como os partidos tradicionais de esquerda, a guerrilha ou os grupos feministas, sentiram-se instigadas à mudança, e hoje o vemos, em boa parte, rejuvenescido com as novas táticas iconoplásticas, o que se tornou ainda mais notório com a forte entrada dos grupos LGBTTT na cena pública urbana, em especial na primeira e segunda décadas do século XXI.

Os fatos desencadearam também a busca por novos lugares e cenários nos muros, um aumento no tamanho do texto, o emprego de outros materiais, a introdução da cor, novas técnicas e meios e, claro, uma transformação nos conteúdos de suas mensagens. Os lugares privilegiados na cidade física são aqueles de ampla circulação, como avenidas e ruas, apesar do perigo de ser apanhado por algum tipo de vigilância; esses lugares de grande circulação e congestionamento são geralmente escolhidos só para inscrever as palavras de mensagens rápidas, com as quais se dá uma resposta rápida a qualquer fato.

Esse novo grafite de caracteres ascendentes e figuras estéticas parece ter mais espaço em paredes de bairro, um tanto ocultas das avenidas, e sobretudo em lugares de maior autocontrole da população, como os muros dentro de universidades ou lugares distantes, bem como museus e galerias. Seu tamanho e acabamento dependem do tempo disponível para sua elaboração e, claro, do tipo de ideograma que se quer registrar, mas às vezes se aproximam dos limites do mural. A e-cidade também começa a se encher de grafites ou expressões associadas. De fato, redes sociais como Facebook, Twitter ou MySpace multiplicam as expressões criativas, e vários de seus membros usam fotos ou imagens que se parecem muito com a provocação grafite, como este avatar digital em Montreal, Canadá, usado como apresentação pessoal.

Coleção Armando Silva, Montreal, 2006.

Os materiais, que iam do lápis ou caneta, para intervir em banheiros, a cadeiras ou mesas, passando pelos gizes nos centros acadêmicos, avançaram com o emprego de pincéis e brochas, para aqueles que requerem cor e alguma extensão con1siderável, e continuam agora com técnicas gráficas para duplicar imagens pré-desenhadas. As cores vêm sendo usadas dentro de um aumento definitivo de policromia: do preto passou-se para o azul e o vermelho, e é possível constatar, desde os anos 1990, o uso de novas cores "elétricas" vibrantes, que produzem certos efeitos óticos, em particular toda aquela gama de *sprays* amarelados, esverdeados e avermelhados. Alguns universitários chamam coloquialmente o *spray* "espragrafite".

Em São Paulo, em um célebre endereço na rua 24 de Maio, nasceu, no início da segunda década do novo milênio, todo um centro de compras voltado para a venda de material para grafite e arte urbana, como *sprays*, papelão, areia, resíduos de papel, livros-modelos etc. Entrar ali,[14] recepcionados por grandes grafites ✿, é uma agitada experiência audiovisual; ao percorrer os três pisos-vitrine com "todos os acessórios para o grafite", ouvem-se os barulhinhos harmônicos mas irritantes, agudos, de finas agulhas tatuando corpos e rostos para tribos urbanas, música para adeptos do hip-hop e a venda "no grito" de roupas para *street dance*.

A família do hip-hop, composta por grafite, *rap* e *break dance*, teve início no final dos anos 1980 nos Estados Unidos e logo se espalhou pela América Central e América do Sul. Em São Paulo, assume-se como fenômeno único, percebendo-se os hip-hopeiros como grafiteiros, com destaque para a "especificidade da geografia local" (Turra Neto, 2012, p. 242) em seus movimentos. Em Bogotá, desde o final da década de 1990, comemora-se a cada ano, no parque Simón Bolívar, um festival de tribos, dançarinos, gangues e grafiteiros, ao que se somam encontros de grupos de DJs e *rappers*, eventos que se

---

14 Visitei esses locais em junho de 2011, com colegas de trabalho do evento que presidi no Instituto Cervantes de São Paulo, dirigido por Francisco de Blas, e do projeto São Paulo Imaginado.

Bruno Giovannetti, São Paulo, 2008.

Mariana Guhl, cartaz alternativo do festival *hip-hop*, Bogotá, 2012.

estendem aos bairros da mesma cidade, patrocinados de modo oficial (Instituto de Desarrollo de Bogotá – IDU). Exibem-se ali novos grafites e iconografias urbanas de cunho alternativo, como se pode apreciar no cartaz do XVI Festival de 2012.

Dentro da tendência à figura anotada, pode-se compreender o encontro, em cidades como Quito,[15] Santiago e outras da América do Sul, do grafite com uma iconografia popular ou com a figura pictórica de rostos de personagens da vida pública, e já com maior notoriedade, a caricatura como ilustração de diversas situações. Começa a manifestar-se igualmente o emprego de alguns códigos apreendidos das mídias de entretenimento de massas, como o uso de balões sobre vidros, que podem ser

---

15 Ver Alex Ron, *Quito: una ciudad de grafitis* (2007), que conclui a coleção com um ruidoso: "Puta pared".

Laura Silva Abello, Bogotá, 2008.

provenientes dos quadrinhos, ou como visto em Nova York, típico do setor do Queens (2010), onde se desenvolve esta estilística de pintar os vidros ou todos os andares dos edifícios como se fossem fotogramas de um filme para serem vistos um a um ou em conjunto. Entretanto, o emprego da figura evoluiu ao ponto em que a composição plástica passou a ser todo o seu programa, subvalorizando por completo o uso da palavra. Assim, nasceram novos modelos paradigmáticos que tiveram sua origem principalmente em muros de universidades e, dali, se transferiram para diferentes setores da cidade, como mostro na coleção que apresento na parte final, quando analisaremos o grafite e a arte pública como programas interatuantes.

Com a entrada do século XXI, surgem novos materiais e técnicas, como moldes vazados, carimbos, estêncil (como durante o encontro de grafiteiros em Bogotá no Centro Colombo Americano, em 2009), ou a figura existencial, também na capital colombiana, onde se aprofunda esta tendência de "fazer pensar" a partir de figuras urbanas.

do grafite à arte

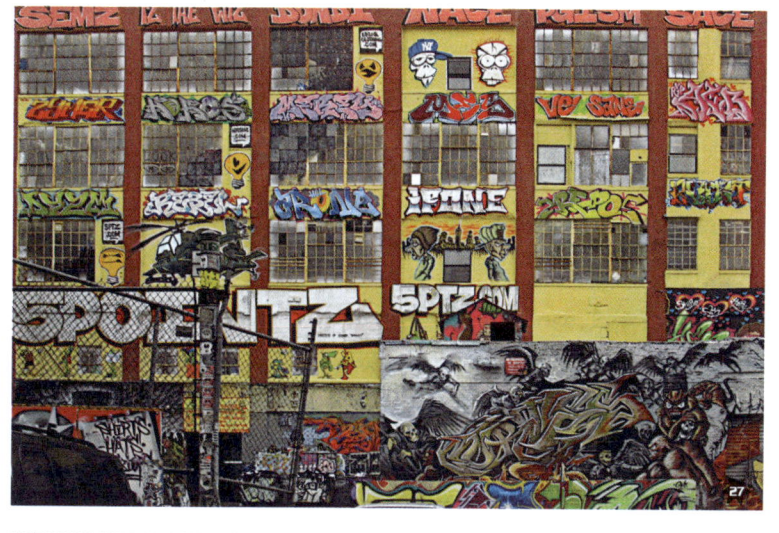

Carolina Guzmán, Nova York, 2010.

Coleção Armando Silva, Bogotá, 2009.

Mariana Guhl, Bogotá, 2010.

Bruno Giovannetti,
São Paulo, 2010.

Bruno Giovannetti,
São Paulo, 2010.

Em São Paulo, talvez a cidade de maior agitação mural na década do novo milênio no Ocidente, desenvolvem-se várias tendências, como a de fazer do mesmo grafite um personagem perseguido e posto em alerta, como um tipo de metagrafite ✦. Por sua vez, surgiram ali estudiosos do fenômeno, como o arquiteto Bruno Giovannetti, que, com paciência e atenção, conseguiu fazer interagir as figuras plásticas do grafite com cidadãos reais, a quem sua câmera captura e denuncia num momento crucial de um lugar da cidade onde um indigente encontra-se deitado na rua, enquanto uma espécie de menina assassina (uma Chapeuzinho malvada…) está à espreita ✦; imaginada por um grafiteiro, parece segui-lo com um gesto sádico e debochado para executar seu ato criminoso. Esta atitude por parte de documentaristas urbanos de regrafitar tomando imagens já existentes, para dotá-las de novos sentidos dramáticos, está abastecendo com um novo vigor inusitado o grafite atual.

Ação grafite: interpretação da cidade

Conjunto grafite de uma cidade não é sistemático nem pode ser concebido em um modelo formal ou um quadro único que recolha sua semanticidade internacional, mas é viável pensar que o conhecimento geral das tendências do conjunto permite compreender algumas causas do fenômeno, o que é uma contribuição para sua interpretação da cidade. Assim, não tentaremos – como é próprio nestes estudos sobre imaginários urbanos – descobrir as intenções do emissor de cada ideograma, mas buscaremos observar um conjunto para a partir daí propor hipóteses, tanto sobre sua mecânica textual como sobre sua valorização no circuito comunicativo; ou seja, sua valorização contextual em um lugar concreto de sua produção simbólica.

Ao pensar nas mensagens grafite e relacioná-las com suas eventuais leituras, podemos prever, como modelo de possíveis interpretantes, quatro tipos de leituras, a saber:

- mensagem única, esgotada em seu referente textual;
- mensagem múltipla, na qual cada anúncio é o aviso de um projeto continuado, mas de um mesmo programa;
- várias mensagens de diferentes programas semanticamente cotejáveis; e
- mensagem contextual-simbólica, a partir de suas possíveis leituras, com independência das causas de emissão, na qual

Coleção Armando Silva, Bogotá, 1984. "Você é um homem de mundo… hahaha."

certas coincidências sobre o lugar e o tempo de leitura, ou sobre sua reativação do microcosmo afetivo de um virtual destinatário, fazem com que se estabeleçam correspondências de sentido.

Examinemos os quatro níveis tomando como exemplo algumas mensagens que advogam referencialmente pela recuperação da sensibilidade feminina.

Na primeira operação, os componentes interagem num presente sincronizado, tanto para quem o emite como para quem o recebe, e por conseguinte sua perfeita decifração é o textual ✿. O texto, todo o conjunto formal e significante da mensagem, apresenta todos os guias de leitura, razão pela qual o considero "unitextual".

O grafite seguinte pode ser concluído com a leitura de seu sentido literal: rebelar-se contra a opressão reinante nos lares ✿.

Coleção Armando Silva, Bogotá, 1984. "Não mais cadeias no lar."

Nesta segunda operação, a leitura possível é diferente: pode e deve começar como um aviso unitextual para sua decodificação; mas, ao descobrir-se seu projeto através de guias escriturais predispostas dentro de um conjunto de mensagens, suas marcas referenciais o situam numa significação que, justamente, é aquela que seus emissores procuram. Estes grafites se originam em indivíduos ou grupos reconhecidos com projetos políticos, num sentido amplo, que buscam, mediante inscrições continuadas, tornar pública sua ideologia, com o desejo de provocar reações e mudanças na conduta de seus destinatários. Pelo dito, sua decifração recomendável é "heterotextual" até onde for possível localizar e isolar certas mensagens em cadeia.

Ao retomarmos o primeiro caso, no conjunto do texto aparece uma folha de louro, com a qual seus autores "assinam", entregando-nos uma marca textual de reconhecimento que voltamos a identificar em outras inscrições, como a do segundo caso, obrigando-nos, desse modo, a incluir todo o conjunto de mensagens encontradas com a mesma assinatura "como um programa" de uma organização que está expondo sua concepção do mundo. Nesta forma, os destinatários ocasionais tanto podem ler uma só mensagem que cobre um sentido completo como podem encontrar vários grafites da mesma família grupal e montá-los, para descobrir uma filosofia feminista por trás de suas manifestações.

A terceira operação refere-se a textos de diferentes programas, e pode ser considerada "pluritextual". Diferentemente da anterior, os guias nos obrigam a considerar outra fonte de emissão, mesmo ao persistir a eventualidade de um mesmo motivo referencial. É o que ocorre na produção de diversos programas que, no entanto, coincidem na busca dos mesmos fins ou se identificam em algumas estratégias, desde que tal "familiaridade" possa ser deduzida na exposição de seus respectivos textos.

Coleção Armando Silva, Bogotá, 1984. "Sexualidade é mais do que genitalidade!"

Referencialmente, é possível agora, a outros grupos que também destacam a situação feminina, "acoplar-se" à cadeia de anúncios anterior, constituindo-se novamente outra família, mas desta vez do ponto de vista semântico, como o grafite que, por sua assinatura (o signo gráfico do feminino), será proveniente de outra organização diversa daquela da assinatura do louro.

Nos anúncios anteriores de duas organizações, depreende-se um mesmo projeto básico – a defesa da mulher –, mesmo que seus programas ideológicos possam ser diferentes. Sua emissão está predisposta a ser assumida pelos observadores como dois programas relativos a um mesmo objetivo, desde que haja uma superação da leitura isolada e que se concretize uma comparação textual em cadeias de mensagens semanticamente da mesma família.

Estamos diante de uma coincidência de marcas de sentido que vai recriando o imaginário coletivo. Independentemente de sua origem – espontânea, artística, militante –, essas mensagens se repetem por identificação com o referente textual, e em ambos os casos se transformam em outro programa. A repetição e a reiteração elevam as mensagens a uma instância de marca grupal, o que provoca o desaparecimento do sujeito concreto de emissão e faz com que estas mensagens entrem numa ativa coparticipação vicinal, e nos casos de maior êxito podem ter uma rápida ascensão numérica e qualitativa. Nessa situação, será necessário diferenciar as reiterações da

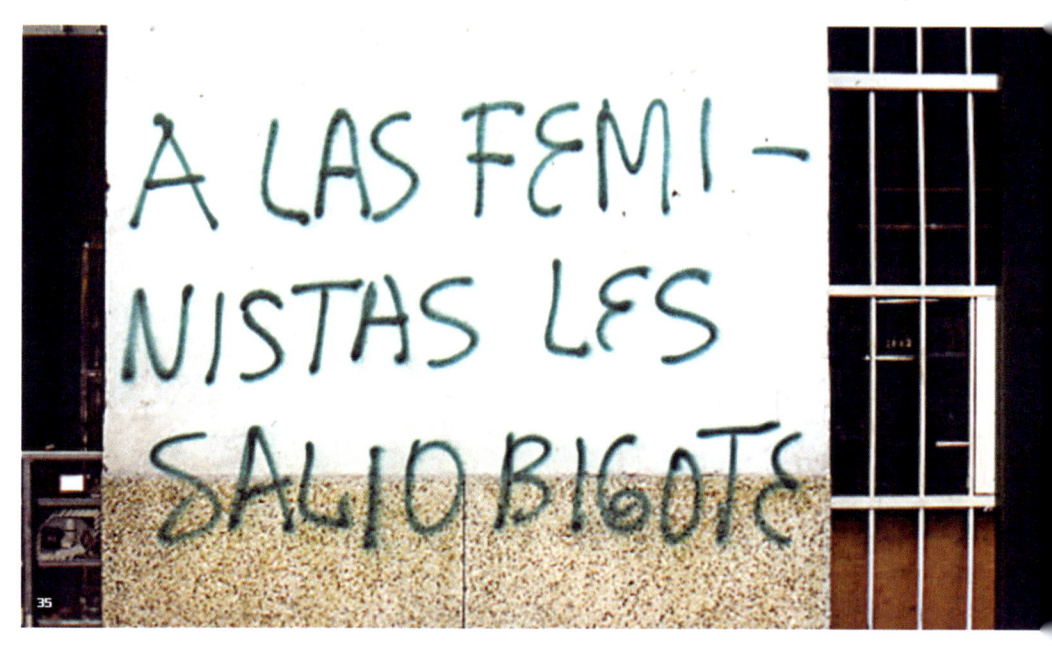

Coleção Armando Silva, Bogotá, 1984. "Cresceu um bigode nas feministas."

mesma mensagem grafite por parte de vários integrantes de uma mesma organização política, caso de mera eficiência propagandística, daquelas acolhidas por públicos independentes e reproduzidas por contágio e convicção. A leitura dos anúncios elaborados sob as condições indicadas será mais de tipo "contextual", pois o que qualifica essas mensagens é o fato de terem sido selecionadas por vários destinatários, que inverteram sua posição na interação cidadã: de destinatários passaram a criadores emancipados.

Então, a quarta operação, que também corresponderia a um quarto grupo de mensagens, agrupará todas aquelas que forem criadas a partir de textos originais e entrem em outros circuitos, com variedade de modificação, mas conservando "sua predisposição de sentido", como o sincero e bem-resolvido grafite: "Vivam as putas!" posicionado na sequência dos anteriores, numa destacada e influente parede da cidade de Cali, Colômbia, e portanto de natureza mais política do que íntima. Há outros que merecem associação, como o que parece mais uma provocação às feministas, outorgando-lhes barba 35, com o seguinte, numa linha de viés pós-moderno, agora com o uso do estêncil, no qual parece haver uma mudança de destinatário: sua enunciação não vai contra o macho dominante, mas sim contra a multinacional fabricante das bonecas Barbie, que, ao contrário, nega a sexualidade 36.

As situações anteriores, por sua vez, correspondem a quatro leituras possíveis e formam também quatro famílias de uma tipologia receptiva: o texto isolado, as mensagens de um conjunto, os textos de diversos programas e o contexto cultural. São famílias semânticas que podem ir se entrecruzando,

Madelaida López Restrepo, Bogotá, 2005. "Barbie é uma puta."

se transformando e passando de traço simples e mensagem isolada até se confundir com verdadeiros códigos culturais. Nesse nível elevado, essas inscrições alcançam seu maior potencial simbólico, até se transformarem em emblemas de uma comunidade, seja porque expressaram originalmente o que muitos haviam já pensado e sentido, seja porque, a partir de tal inscrição, advém um desencadeamento de proporções coletivas motivado por esse enunciado original.

É provável que esta proposta de leitura em cadeia tenha, igualmente, que ver com o acontecimento denominado "temporalização do espacial": um desenvolvimento progressivo no tempo das formas que eram imóveis em outro momento, de modo que o simbolismo do tempo não será entendido apenas no sentido iconológico (representação de uma imagem), mas sim no sentido de que qualquer percurso, sucessão ou programação encerra já um aspecto cronológico que é parte de sua simbologia, fenômeno que fala da aguda sensibilidade temporal na vida urbana.

De acordo com a leitura lógica analisada e proposta, o cidadão pode deparar com essas mensagens percorrendo ou descobrindo, a seu modo pragmático e impulsivo, as quatro situações descritas. Sua atitude diante da grafitografia costuma ser distante e receosa pela agressividade e provocação dessas mensagens, porém não é estranho encontrar cumplicidade com esses anúncios escandalosos, se considerarmos que em certos lugares populares da América Latina, tais como ônibus, lanchonetes, cafés e bares, sua produção é abundante e de uma variadíssima estilística, às vezes com anúncios e imagens elaborados e sofisticados, mas em sua maioria elementares, de difícil escrita, com numerosos erros ortográficos e sem outra pretensão que a de enviar uma mensagem a alguém.

A utilização do grafite nas décadas de 1970 e 1980, em várias cidades da América Latina, como Bogotá, São Paulo, Rio de Janeiro, México, Buenos Aires, Santiago, Caracas, Quito,

Lima e algumas cidades da América Central – líderes então, no Ocidente, dessas manifestações –, correspondeu mais a certos setores culturais representados por militantes políticos, universitários ou feministas, que os utilizaram como meio de comunicação de seus projetos, bem como a setores operários e empregados de baixa qualificação acadêmica, que encontravam nesse meio um modo de expressão de suas necessidades econômicas, políticas, salariais ou sexuais, entre outras. Em todos os setores de usuários, o grafite manifestava sua natureza de marginalidade urbana. Nos anos seguintes, outros artistas viriam renovar o estilo grafite e novos atores entrariam em cena.

O grafite, como já disse, vem ganhando importância na caracterização das culturas urbanas e, embora tenha "começado" como delírio de certos sujeitos desencontrados, expressa assuntos que dizem respeito cada vez mais a uma maior quantidade de indivíduos, o que faz superar seus protagonistas executores. Seu trabalho mais eficaz até fins do século XX concentrou-se em conceber marcas simbólicas de identificação dentro de certas ordens fechadas, tais como universidades, bairros, centros de reclusão e hospitais, mas seus ideogramas se deslocaram depois pelas cidades, por metrôs, sanitários, cafés, paredes principais, por todos os espaços públicos, enfim, e agora nos meios digitais. Esses grafites precisam ser vistos por muitos e sua leitura envolve quaisquer cidadãos, mesmo aqueles mais desprevenidos.

O praZer do Grafite: no início, entre banheiros e mUros

Qualquer observador do grafite disposto a pensar no passado consideraria que foram os sanitários públicos os lugares onde mais se encontravam este tipo de "mensagens delirantes", e isto é correto até determinado momento e até certo ponto. Os grafites não são apenas grosseiros nem só matéria de WC, mas há muitos outros, de cunho político, humorístico ou poético, e nos últimos anos predominam suas propriedades plásticas.

Por outro lado, também é verdade que quando dei início a estes estudos na América Latina, em 1978, era comum pensar que se tratava de uma produção exclusivamente "estomacal". A associação entre grafite e sanitário era a que se ajustava com maior propriedade a esses anúncios provocativos. O sanitário persiste profundamente em nossa mente como um ótimo *cenário* de grafite, e talvez isso se deva a uma equação simbólica de equivalências – o banheiro, começando por sua enorme lista de eufemismos nas culturas latinas: WC, mictório, casinha, toalete, reservado, lavabo e outros. O sanitário é, em muitas culturas cristãs, um lugar proibido, associado ao que é sujo, desagradável, e literalmente um lugar para evacuar. Dessa feira de variedades, algo como o inconsciente do corpo biológico, pode-se esperar qualquer afronta, todo pensamento pecaminoso, qualquer fantasma perverso pode rondar suas paredes. Um lugar assim, em que o indivíduo se encontra sozinho, diante de sua genitália e de seu corpo, e onde consegue certo alívio corporal, pode ser o álibi perfeito para expressar para o resto do mundo seu inconformismo; o gozo diante deste inconformismo. Surge então uma estratégia que o homem primitivo já vivenciou generosamente antes de pronunciar palavras coerentes, antes da linguagem, quando justamente era mais corpo que verbo, quando primavam o ruído, a imagem, a relação direta entre a mão que manchava e a solicitação da pulsação de seu corpo. Mediante tal procedimento, que também se relaciona com a poesia e a arte, com a loucura e com muitas outras manifestações "descentralizadoras" da linguagem, é como pode surgir o grafite ou, ao menos, com que pode ser profundamente associado. Desse modo, o grafite tem seus argumentos para ser comparado com esse lugar discriminado e oculto de várias sociedades; em geral, suas mensagens dizem o que não deveria ser dito, expressam o que deveria ser reprimido, são anti-higiênicas e sujam as paredes que deveriam estar limpas e em perfeita ordem.

A evolução semântica do grafite possui, então, sua própria lógica. Não quer dizer que antes só se escrevia nos banheiros, o que ocorria era a associação cultural e, talvez por razões lógicas e práticas, esses eram os espaços escolhidos quase com exclusividade nas mais diversas cidades. Contudo, posteriormente esta mesma marca politizou-se, como o grafite no qual se anuncia que os excrementos podem ter valor nas sociedades capitalistas ⚝.

Coleção Armando Silva, Bogotá, 1984. "Quando a merda for vendida, os pobres não a terão."

Esse chamado "grafite obsceno" dos sanitários migra a seguir para os muros, onde adquire mais o sentido de ameaça pública e política. O grafite ataca novamente!

No entanto, de alguns anos para cá, em especial no novo milênio, a situação mudou. Hoje os lugares reconhecidos e escolhidos são muitos e bem diversificados, a cidade é vista como um ente mais total (e, por sua vez, em locais específicos), onde surgem espaços potenciais para uma inscrição, porém é óbvio que nem todos são usados. A explosão e a diversificação de locais têm também que ver com a mudança de natureza do sentido das mensagens. A blasfêmia pessoal – ou a vulgaridade – ficou relegada ao escuro dos banheiros e outros lugares de pouca circulação, e, portanto, com alcances mais restritos ao grupo. Os demais lugares exibem, em geral, mensagens de maior alcance, como parte de um projeto político, seja como expressão da "política da vida", seja abertamente com intenções artísticas, entrando mesmo em museus e galerias. Não obstante, proponho considerar, *para as décadas de 1970 e 1980, o banheiro e o mural como os dois espaços simbólicos que resumem a direção dos grafites*. O primeiro é evacuativo ou íntimo e origina a constelação da "mensagem" poética, enquanto o muro, explicitamente considerado a parede pública, se constitui no estandarte que patrocina o enunciado político. Embora hoje esses "espaços simbólicos" se entrecruzem e o poético se torne político ou, pelo contrário, o político se poetize, expressa-se nos muros o que antes só se revelava nos sanitários. Apesar dessas transformações, o banheiro e o muro se configuraram como os espaços mestres no devir grafite antes do novo milênio, quando já não se pinta tanto um muro, mas se intervém na cidade. Ou seja, quando o grafite passa a ser do urbano, como afirmo em outra de minhas obras (Silva, 2007a), da cultura da cidade, de seu urbanismo – e nem tanto da cidade, essa dos muros e paredes.

Grafite, desejo, gozo

O grafite responde a um desejo entre vizinhos. Quem transgride a censura, as barreiras e os tecidos sociais atua satisfazendo um impulso, abrindo uma fenda. Essa descarga de energia, similar a outros procedimentos sociais, vem refrescar o indivíduo e, talvez, a vizinhança com respeito aos mecanismos de ordem que toda organização institucional supõe. Os produtos mediante os quais se manifesta essa descarga serão mensagens com amplo sentido social, ótimos testemunhos para deduzir não só os alcances de uma conduta pessoal, mas também para conceber neles próprios a marca do processo repressor de inscrição da ordem social, que em psicanálise se estuda como lei: a lei da ordem, do pai. O grafite perverte uma ordem e, assim, pode-se concebê-lo como um mapa, fabuloso quem sabe, do cotidiano urbano que se afeta; nele se coam desde as necessidades mais prementes e conjunturais de uma política econômica e social, recônditos e proibidos desejos de um sujeito em debate com sua própria frustração ou exaltações de fantasias inconfessas, até expressões de formas plásticas que dão continuidade à produção da arte urbana com os simbolismos de tal criatividade.

Se o sonho corresponde a uma faculdade humana que possui como significante o desejo inconsciente que ali se expressa, pois evita seus enfrentamentos com a realidade referencial diurna na elaboração de seus cenários oníricos, e se a arte também é desejo, em sua descarga de um imaginário estético antes de ser descritor da realidade discursiva e referencial, o grafite teria a propriedade de estar intimamente ligado a um acontecer real da cidade, do urbano, como instância de formação de uma mentalidade, e do mundo social em geral, com a capacidade de transgredi-lo conforme o seu uso. Não existem leis nem gramáticas definitivas para sua concepção, tampouco pactos econômicos ou trabalhistas para o cumprimento de sua missão; carece, na verdade, de alguns destinatários identificáveis e, o que é mais importante, depende da "vontade" de seus emissores e da oportunidade para localizar o cenário que se ajusta à sua realização. No entanto, não se pode dizer que seu programa íntimo responda totalmente à energia fluida e desconectada dos processos primários, ou que sua descarga esteja sob o controle marcante e seguro do eu, próprio da secundarização psicológica. O grafite, tal como está sendo concebido, surge na metade do caminho, num hibridismo, entre os impulsos primários de satisfação de desejos inconsciente e a secundária manifestação social de revolta contra o estabelecido e o institucional – e, portanto, sua leitura deve ser compreendida como um conjunto de enunciados marcados por ambos os processos, sendo suscetível de prevalecer circunstancialmente um e outro. Isto não impede que haja programas grafites dominados em quaisquer das direções e que se possa falar de resultados amplamente convencionais.

Deste modo, a própria proibição social que antecede a realização descarrega seu gozo em sua execução; entre proibição e provocação funciona a mecânica do desejo e seu objeto, a satisfação. O fantasma, enquanto figura construída pelo desejo como objeto do impulso, atua: "A culpa (original) ligada ao recurso do gozo [...] consagra a função do significante imaginário, para carregar os objetos com a proibição", como entendeu J. Lacan (1960, p. 185). Assim, entre incitação social e manifestação individual de estímulos e desejos, criam-se os fantasmas, que surgem em cenários sociais. Descarregar-se de certos pesos produz alívio e também gozo; porém gozo entendido não como desejo satisfeito, mas como satisfação de irromper contra aquele que está dominando para destroná-lo, e, portanto, na esfera do gozo está toda a abjeção humana. Esta é sua perversidade analítica: atacar a ordem vigente, que vive e aceita a comunidade, mas na qual o grafiteiro encontra uma impossibilidade de ser feliz. O grafite "aponta" – no sentido de impulso desencadeante – contra todo poder central: o poder político, o econômico, o linguístico. Vai contra o império – o significante "Amo", conforme Lacan – em todo o seu sentido e significação. E tentamos evidenciar esse drama urbano nas imagens fantasmáticas que acompanham este livro e sobre as quais nos aprofundaremos dentro de um modelo triádico apresentado adiante.

Toda inscrição qualificada no grafite será, desse modo, um impulso contra uma situação estabelecida, porém do mesmo modo manifestada, que metacomunica um desejo grupal. Dois movimentos do desejo poderão ser previstos: um de tipo estrutural, o do mecanismo desencadeante; outro como instância comunicativa, a da expressão consignada. Seus códigos não poderão ser aqueles de uma linguagem propriamente dita, quanto são os de um "jargão" no qual sua baixa organização formal remete a um código cultural. Seus signos se fazem e se desfazem com extrema elasticidade, pois o desejo recorre aos mesmos caminhos pelos quais é hostilizado. Este fato torna seus programas conjunturais. As mensagens-fantasmas que proliferam nas paredes, muros e objetos urbanos são parte de um mecanismo coletivo da imaginação, mas não por isso deixam de ser reais. O imaginário rebelde procede contra a repressão, mas a própria repressão é sua profunda verdade. A repressão que gera a torrente de figuras oníricas "produz" também, não à noite, mas durante o dia, os imaginários que sustentam as imagens de rua ou públicas do grafite, e, se estas têm maior ilação que os sonhos, é porque se desenham

Camilla Chapella, Cidade do México, 2008.

em estado de vigília, com a organização psíquica, mesmo que mínima, que isto implica. Por isso, o grafite, em certos níveis criativos, é decodificador. O corpo impulsivo se integra na palavra e, ao operar de assalto, essa torna a se carregar de rancor, carregando-a contra uma linguagem que deixou de perceber a dominação social, mas que também se enche de paixão, a emoção de poder de novo registrar-se publicamente, em uma palavra, uma imagem ou uma ação, numa esquina, num canto, na internet, num lugar proibido, deixando-se assim vulnerável à sua própria repressão e talvez à de um maior número de cidadãos; a palavra amarra o corpo, e o assalto contra o estabelecido segue a caminho de sua libertação: desamarrá-lo. O grafiteiro, digamos assim, goza sua inscrição, da mesma forma como o cidadão cúmplice.

Na psicanálise, o gozo é satisfação, mas também dor, como explica D. J. D. Nasio (1983), pois o prazer obtido substitui aquilo que não se conquistou. Prazer é satisfação, contudo gozo alude à tensão. Um bom exemplo pode ser encontrado na Cidade do México, onde se evidencia um gozo urbano juvenil em torno de um ritual urbano de moças no ano de 2007: as adolescentes recém-apaixonadas, numa de suas colônias (a Roma), tiram suas calcinhas e as lançam sobre as placas de rua ✥, impregnando com esse gesto a urbe dos humores de seus corpos emocionados.

Jargões e arquivos entre Vizinhos

Dispomos de duas fontes de linguagem: aquela genérica da língua comum à sua própria cultura e a outra, pessoal, que opera à maneira de um dicionário privado. Essa "língua privada" vincula-se às lembranças, ao inconsciente, às experiências íntimas e constitui sua personalidade "psicológica e semântica", que pode ser associada ao que os linguistas denominaram "idioleto" ou jargão, ao referir-se a cada obra como figura autônoma, com uma dinâmica de composição que só é inerente a ela própria.

Cada ato linguístico possui um elemento expresso e outro latente, de autonomia individual; porém, fazendo extensão desses limites, teríamos que cada grupo, cada família, povo, classe social, cidade, comunidade ou grupo de vizinhos, vai se dotando de códigos (ou infracódigos) que somente seus membros convencionaram usar, uma experiência semiótica que afirma suas particularidades, deixando para o universal apenas aquilo que é mais genérico e, portanto, traduzível e equivalente a outros sistemas das línguas.

Um dos caminhos relevantes nos estudos de imaginários sociais é estabelecer de que modo cada coletividade, definida por limites comuns, construindo seus próprios signos, elabora a imagem própria que a refere; constituem tipos de microcódigos que conformam sua imagem cultural, seu caráter identificatório, seus imaginários sociais. O obstáculo epistemológico para que não haja uma língua universal (caso do esperanto etc.) nem "um caráter universal" das línguas reside em que não pode haver adequação e correspondência perfeitas, desprovidas de ambiguidade, entre as palavras e o mundo, precisamente porque, como afirma J. Steinner, a correspondência entre as palavras e as coisas é fraca, as línguas são fortes e, se invertêssemos estes conceitos, como o fazem as "linguagens universais", saltaria à vista que estas carecem da espontaneidade, da criação e da força do natural.

Contudo, essa "universalidade" cobra novas e variadas formas. E já não só teríamos de discutir sobre as línguas universais ou sobre o estudo universal de línguas e linguagens, como fizeram os estudiosos estruturalistas, mas também sobre outros procedimentos, tais como os meios de comunicação de massa, o ambiente tecnológico, a publicidade, a comunicação digital, que irremediavelmente afetam a língua privada e comunitária. E, diante de tantos dispositivos tecnológicos carregados com evidentes conectores despersonalizantes, cabe a pergunta: o regionalismo, os tabus, as lendas, a magia, a religião, os costumes não são todos custódia e resistências contra o "universalismo", contra "as globalizações"? O jargão dos grupos de adolescentes, a invenção de palavras nas redes sociais, a contrassenha do conspirador, a língua absurda dos amantes são "respostas esporádicas e efêmeras à esclerose da língua".

Eis aqui onde melhor se projeta o jargão vicinal. Refiro-me ao termo "vizinho", proveniente do latim *vicinus*, "que habita perto do outro", de que deriva "vizinhança", "conjunto de pessoas que vivem em várias casas contíguas"; retomo o termo com consciência de estar próximo do outro em espaço ou no tempo como vetor de reconhecimento, considerando-o melhor do que "comunidade", pois este último tem um sentido de que se atua com uma consciência comum. Não é dentro de uma comunidade com consciência de si que se faz o grafite, mas entre vizinhos, visto que nem todos participam mancomunadamente, mas sim se diferenciam entre semelhantes. Rancière enfatiza, falando do teatro e de públicos de arte, que é mais a capacidade de anônimos de expressar-se, a capacidade que faz cada um ser igual a todos. Essa capacidade se exerce por "um jogo imprevisível de associações e dissociações" (Rancière, 2010, p. 23). E nesse poder de associar ou dissociar reside a emancipação do espectador. Dessa maneira, o espectador não é a condição passiva, mas aquele "que liga em todo momento", e o mesmo vale para o cidadão, também emancipado, ao qual todas as intervenções do grafite e da arte pública tendem. Porém, o público tampouco se dá de *per se*, deve ser conquistado, pois quiçá o que existe *é um espaço urbano, já que o público do urbano infere combate de conquista*,[16] como proponho na segunda parte. Daí que "vizinho", como expressão de um coletivo que se deixa ir ou se deixa imaginar, dá também uma ideia de proximidade não comprometida, que vale destacar. Seu funcionamento implica o cosmo-mundo de alguns que poderiam assim autorrepresentar-se. É sim possível formar-se um tipo de jargão vicinal, cujos associados não têm de coparticipar, ser do mesmo espaço, mas sim da mesma qualidade expressiva, como vizinhos de internet que se reconhecem numa rede. Isso é *a passagem do espacial para a* esfera pública.

A estética transcende a comunicação, mas só quando sua presença envolve e suspende os códigos do genérico e do público, e os transmuta em formas e relações; é apenas então que seu processo legitima, ao menos quanto à ordem sensível, a ordem do estético, que não é verbal, mas o acoberta. Pode-se apreciar o valor do jargão: um fato estremecedor amplamente difundido, o ataque às torres gêmeas de Nova York por um comando islâmico radical em 11 de setembro de 2001, é a fonte para que o grafite intervenha numa rua na cidade de La Plata, Argentina ✦, que leva, paradoxalmente, o nome dessa data, para anunciar, triunfante em concordância e cumplicidade (gozo público) com a ideologia muçulmana

---

16 Em meu livro *Imaginarios, el asombro social* (2013; edição brasileira no prelo), exploro as relações entre o urbano e o público.

Sofia Ares, La Plata,
Argentina, 2010.

autora do atentado, a "queda do império". Ou seja, o que está longe e se viu pela TV mundial torna-se dialeto de uma rua de bairro. Daí minha insistência: os imaginários urbanos, como já afirmei anteriormente, não são globais (Silva, 2008), na verdade respondem a uma manifestação de bairro ou de vizinhos.

No estudo *Imaginarios urbanos en América Latina: urbanismos ciudadanos*, que realizei, a pedido da Fundação Antoni Tàpies, de Barcelona, considerei, ao revisar a produção dos imaginários em minha própria obra, que os grafites são mais arquivos vicinais do que íntimos ou públicos. Ou seja, são feitos para o vizinho e compadre (Silva, 2007a), e existe nisso uma grande proximidade com o que chamarei, no capítulo seguinte, de arte pública, que aumenta a função estética da expressão grafiteira. Chamo arquivos vicinais a *todo material que expressa manifestações dos cidadãos para um grupo*. Pode ser "comunitário", pois provém de *communis*, do latim antigo *comoinis*, que significa "comum", que pertence igualmente a alguns conhecidos, e da comunicação que intercambiam entre eles e que se relaciona tanto com expressões muito pessoais, como com segredos compartilhados entre dois ou mais comunitários que, não obstante, buscam sua circulação pública, em especial dentro de pequenos grupos territoriais que se reconhecem e interagem. Vicinal porque prende ou até incendeia, na vizinhança, aqueles que podem e se deixam afetar.

Os emblemas: Nova York visual e o "ódio ao racismo e aos negros" da América Latina

O grafite tende ao visual. Seja em sua forma verbal, seja na forma icônica ou seja na forma mista, propende a ser elaborado como imagem e a ser lido ou contemplado da mesma maneira. E não se trata de uma negação da palavra, visto que existem em profusão aqueles em que as mensagens são apenas palavras. No entanto, por infelicidade, o conteúdo de sua forma ultrapassa necessariamente o código verbal, e o que fica plasmado é uma composição na qual não é exclusiva a descrição linguística, e sim o lugar, os materiais empregados, seu colorido, as formas concebidas e, por que não, todas as possíveis emendas que podem vir em cadeia, que entram para integrar o conjunto de sua figuração.

As imagens grafite são também forma imaginada. Daí que seus gestores procurem ângulos de visão e tenham locais prediletos, que estejam dispostos a empregar novos materiais, cores novas e vibrantes, e a conceber uma *gestalt* profundamente estetizante. Em Nova York, nos anos 1973-1974,[17] trens de metrô foram riscados e manchados abundantemente com figuras inarticuladas, nas quais parecia que se evitava produzir uma informação concreta, exaltando a forma e a "loucura das imagens". Esse período do grafite nova-iorquino deixou claro que

---

17 A respeito, lembro o documentário de Manfred Kirchheimer, *Stations of the Elevated* (1980), sobre o metropolitano de Nova York, no qual se percebe a relação entre o território de moradia e as bandas de jovens que se dedicam a manchar trens subterrâneos. Autênticos guetos do Harlem, porto-riquenhos etc. Também o livro de Mervyn Kurlansky e Jon Naar, *The Faith of Graffiti* (1973).

Foto pública, *The Faith of Graffiti*, Mervyn Kurlansky e Jon Naar.

Coleção Armando Silva, Quito, 2005.

sua revolução era mais plástica, pois seus desenhos e figuras não apresentavam parte escrita, e é aí que reside sua revolução semântica antecedente do street art: não enviar nenhuma mensagem a não ser de caráter visual e compositivo. Depois, nos anos 1980, aparecerá com mais clareza a figura promissora da arte urbana dos anos 1990.

Na Paris de 1968, o foco concentrou-se muito mais em mensagens "contraideológicas", nas quais a busca de certos muros e a atenção dada a letras atraentes foram as preocupações para se poder afirmar: "A revolução deve ser feita com o homem antes de ser realizada sobre as coisas", ou "Tenho algo que dizer, mas não sei o quê" (Besançon, 1968) e tantas outras mensagens que passaram emocionadamente de parede em parede e de boca em boca.

Em várias cidades da América Latina, nos anos 1980, o grafite tendia a uma concentração simbólica, na qual por um lado permanecia ligado às condições políticas da conjuntura histórica e, por outro, nele subjazia um alento de criatividade, ironia e humor que se valia de diversas estratégias formais para obter ambiguidade e identificação nas mensagens. Os códigos iam desde formações altamente articuladas e codificadas, em que a secundariedade das mensagens dependia de uma forçosa vinculação com o contexto social (como ocorre com qualquer um que pretenda informar sobre um acontecimento), com o que se privilegiava a mensagem em seu referente – como se observa em Quito, quando

do grafite à arte

os cidadãos conseguiram depor o presidente Lucio Gutiérrez[18] –, até codificações ainda secundárias, em que a imagem era filtrada por uma emoção que antecedia a informação, privilegiando mais o emissor, num ambiente universitário 🟊.

E desses enunciados secundários, nos quais a informação constitui seu programa fundamental, pode-se passar aos de estímulo à potência estética, em seu tratamento plástico, no qual a escrita é utilizada como caligrafia rítmica 🟊, equivalente aos dizeres ou significado da mensagem, e se aproveita um buraco da casa; é um grafite territorial, já que se pôs sobre a parede da rua da Factoría, na cidade de Cartagena, Colômbia, na casa do pintor Alejandro Obregón, um dos artistas colombianos mais reconhecidos no continente e célebre por desenhar peixes e condores caribenhos.[19]

Ou, pelo contrário, a imagem é utilizada como "transcrição linguística", em que, desde o seu tratamento plástico se volta para o choque afetivo do "espectador", como ocorre no dramático cenário do cemitério de desaparecidos, ao qual o grafite presta homenagem, incluindo um *outdoor* de fundo 🟊;

Laura Silva Abello, Bogotá, 2006. "Hoje não faça nada, grite"

Alejandro Obregón, Cartagena, 1985. "Eu não sei de pássaros… Mas acho que minha solidão deveria ter Asas!"

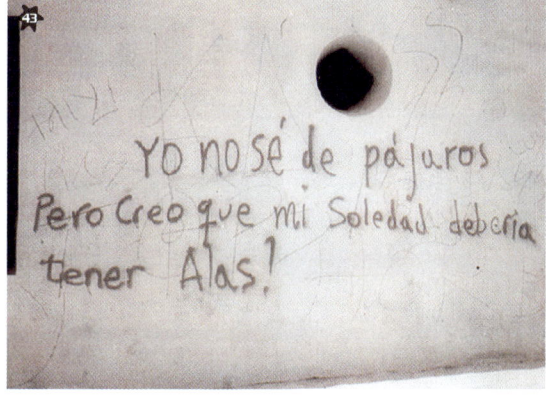

18 Como estava em visita de trabalho nesta cidade, pude captar, de modo direto e à luz das tochas, várias das expressões grafiteiras em torno do fato triunfal de "derrubar um presidente".

19 Este grafite tem uma *petite histoire* pessoal, pois Alejandro Obregón fez a capa de meu livro sobre o grafite (1988) e em resposta recebeu em sua própria casa esse grafite. O mestre Obregón tirou a foto e a enviou para mim numa carta, dizendo: "Olhe, Silva, as consequências de fazer a capa de seu livro". No estudo da Galeria El Museo, consta como sendo a única obra grafite de Obregón.

Coleção Armando
Silva, Bogotá, 1981.

ou alguns já definitivamente dialetais, para os quais apenas os habitantes do mesmo contexto, a Universidade Nacional da Colômbia em Bogotá (1986), dispõem das chaves necessárias para interpretar seu simbolismo, já que, apesar de conter uma mensagem verbalmente clara, seu conteúdo remete a certas intimidades que apenas as pessoas envolvidas conseguem captar.

Ou na imagem em que a figura ressalta como única cotação em seu programa, mas secretamente certas chaves verbais em homenagem a guerrilheiros mortos são mantidas na reserva, mesmo quando seu não descobrimento não impede de gozar sua atraente composição como efeito plástico. Se

Coleção Armando
Silva, Bogotá, 1981.
"Encontrei com Sarmiento na rua 45, pedi emprestado para o ônibus e me contou que o expulsaram porque 'dizem' que o viram falando por um megafone."

desentranhássemos o código secreto, seria possível ler de cima para baixo: "Tiro Fijo" (guerrilheiro das Farc morto em 2011) 🟊, escrito na vertical.

Ou onde os cabelos da mulher adquirem um formalismo relevante sobre o rosto 🟊, até quase fazê-lo perder-se como referência (2008). Já o artista Fernando Arias introduz pelas ruas de Tel-Aviv (2009) trinta grafites, elaborados com estêncil e pintura aerossol, encadeados por diferentes partes da cidade com uma pergunta-base: "Israel é real?" 🟊. O jogo de letras Is-rael por "is-real" revela uma preocupação filosófica sobre um tema político internacional, o que já é próprio das duas primeiras décadas do século XXI, nas quais tanto o grafite como a arte se desprendem muitas vezes das formas para aproximar-se de uma arte-pensamento.

Como se pode apreciar, a *gestalt* grafite *pode ser entendida a partir de instâncias de forte articulação linguística* que coincidem com um programa comunicativo, *passando logo a imagens* que, dotadas de um equilíbrio gráfico-verbal, podem fazer da imagem, verbo, e do verbo, imagem, o que coincide ainda com um programa informativo auxiliado por um tratamento plástico. O anterior até chegar àquela rica imagem em que, como em certas tendências da arte contemporânea, *sua percepção é desarticulada* e seu desenho total a caracteriza por um simbolismo dialetal, formalmente decodificado, como no centro de São Paulo, que mostra todo o seu esplendor fantasmal, pois

Coleção Armando Silva, Bogotá, 1980. "Tiro Fijo."

Laura Silva Abello,
Bogotá, 2007.

Fernando Arias,
Tel-Aviv, 2009.

Coleção Armando Silva, São Paulo, 2008.

edifícios abandonados são tomados por escritas desconexas, nas quais residem as fantasias de terror daqueles que observam à distância como algo terrível ✺, que poderia voltar-se contra o transeunte e até chegar à arte-pensamento que descrevi no caso de Tel-Aviv.

O grafite obedece, assim, a convenções de índole diversa, que exigem modos de leitura urbanos. A saída abrupta de resíduos do inconsciente,[20] a atitude imediatista e contestatória de alguns grafiteiros, os ideais encarnados em rápidos avisos, a necessidade de comunicar e conseguir uma imagem, o perigo de escrever mensagens proibidas diante da vigilância da polícia e outras autoridades fazem com que sua percepção também seja submetida a sentimentos difusos. O cidadão, porém, vai padronizando estas mensagens, reduzindo-as a um bloco de conteúdos, minimizando assim os efeitos desejados,

20 Sobre a presença do inconsciente na manifestação grafite de pacientes reclusos em hospitais psiquiátricos, quero destacar dois estudos: um em Verona, na Itália, de Vittorino Andreoli, *La comunicación no verbal de un esquizofrénico*, e outro de Javier León, *Algunas observaciones sobre el grafiti de un hospital psiquiátrico* (1980).

Lima imaginada, Carlos Castro, 2005. "Cavalheiros."

pois seu simbolismo, que segue em paralelo ao espaço urbano, corre também ao sabor do esquematismo e da rigidez próprias das sociedades massificadas.

As inscrições de rua, de qualquer modo, são parte integrante da paisagem urbana, constroem espécies de túneis por onde deslizam fermentos sociais que vão ganhando forma e fazendo imagem, tema próprio à produção emblemática. Um dia, alguém teve a ideia de escrever "Odeio o racismo e os negros", e esse enunciado – duplamente racista – foi repetido em vários lugares, com diferença no tempo de emissão, com escrita e estilo diverso, como para aceitar que se trata de várias emissões: estamos diante de um singular caso de racismo latino-americano? Esta, justamente, foi a mensagem mais reiterada em nossas fichas técnicas de observação na América Latina, com exceção daquelas de caráter político, próprio das organizações militantes. Além disso, estava sempre localizada nos banheiros (como este em Lima 🟊), lugar exclusivo de inscrição, que aponta muitos dos aspectos de sua profunda intimidade junto com o receio de deixar conhecer tais sentimentos e que foi objeto de várias modificações em cadeia ✺, onde o negro se transfigura no costenho, ou natural da costa do Caribe na Colômbia, cumprindo a mesma função racista.

Nos casos de "reiterada aceitação vicinal", estamos diante de fatos de aprovação pública, o que amplia seu valor ao que denominamos *emblemas*. Os emblemas constituem *modelos identitários de grupos* que, por sua capacidade sintética e pelo achado de um tema de aceitação pública anterior e posterior, transferem sua capacidade semântica aos seus destinatários, que, com sua aprovação e execução operacional, se transformam em novos emissores. Esta cadeia, que importará tanto numa pesquisa sobre a efetiva reordenação simbólica do grafite, não se expressa apenas pela experimentação ativa do grafite na execução de uma nova escrita, mas também pode continuar através de outros meios, como o comentário, o conto, a divulgação midiática ou a simples aprovação silenciosa.

O grafite, visto assim, já não apenas responde, mas também cria e propõe. De estratégia baseada em palavras de ordem e em panfletos, evoluiu para um grafite de composição com alto poder estético e para o grafite-pensamento. Ao que parece, o novo acontecimento reside nas propostas universalistas, como o próprio socialismo internacional ou o liberalismo econômico e a globalização midiática se ajuízam

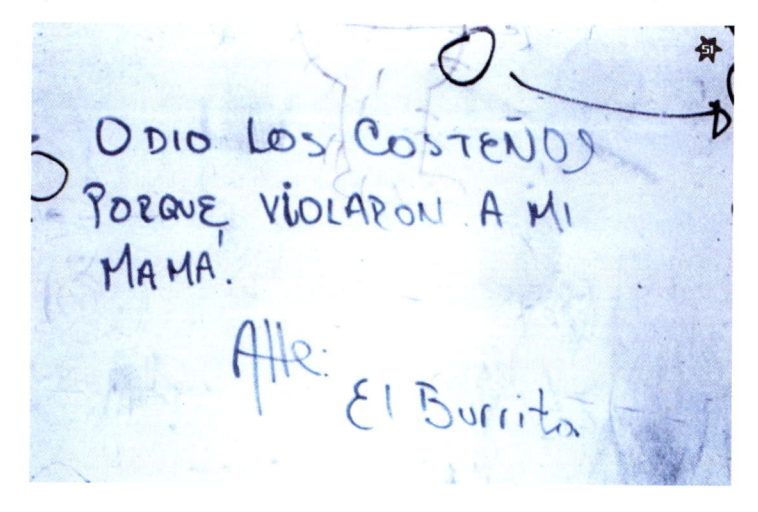

Coleção Armando Silva, Bogotá, 1980. "Odeio os costenhos porque violentaram a minha mãe. Atenciosamente, O Burrinho."

hoje, entre outras razões, desde a defesa das formas de vida regional e das culturas locais de todas as nações. A busca de identidades culturais urbanas como fator de resistência grupal se constitui hoje num dos motores subjetivos fundamentais, num trabalho que envolve intelectuais, artistas, cientistas e analistas sociais.

A esse respeito, pode-se destacar que a economia da vida não é só mercantil e de cruzamento de objetos com valor de mudança; mas que nela intervém outra lógica, vinculada ao desejo, simbólica, na qual estão presentes os objetos em suas relações pessoais, seus pensamentos, suas crenças, seus impulsos. Não se trata, porém, de um simbolismo através da emoção nas mensagens, mas da produção de conhecimentos por essa via; já em *Meaning of Meaning*, Ogden e Richards (1923) diferenciavam o uso emotivo das palavras (ou signos) destinadas a suscitar emoções e respostas daquele uso simbólico que implica organização e comunicação de referências, mesmo que estas não sejam exatamente o referente explicitado da mensagem. O simbólico deve desembocar numa lógica antropológica de cada grupo cultural que a coletividade vai desenvolvendo com a passagem da história.

Vemos, em suma, que da ordem conjuntural, aquela sintética, com a qual se veiculavam publicamente os programas das organizações políticas, mensagens que poderíamos considerar contestatárias, evoluiu-se nas décadas de 1980 e 1990 para um grafite de amplas conotações simbólicas, nas quais seu programa fez de sua leitura, igualmente, uma resposta polivalente. Não que tenha desaparecido o grafite constestatário, de concepção linguística, de traços rápidos e vinculado à notícia do dia, formador de opinião. Junto com este, e modificando-se mutuamente, foi surgindo aquele de humor, de poesia e forma, e ainda de significado revelador de um contexto político, até sem forma material direta ao que se quer dizer e que, apesar de certa manipulação em sua produção, aponta para a intimidade dos indivíduos e evidencia, enquanto programa, o desejo de expressar a vida em espaços vitais mais amplos que o da simples conjuntura.

Pontos de vista e olhar citadino do grafite

O foco a partir do qual se constrói a imagem grafite corresponde, em geral, a um centro conceitual e proxêmico. Constrói-se um saber passado para o grafite na perspectiva de "ordenar", mas o desenho visual, a distribuição da composição sobre o muro – se sua exposição for num espaço assim – e outros aspectos espaciais podem coincidir com a centralidade do texto, em especial aqueles das décadas anteriores.

Então, a partir da ação narrativa, há uma aplicação no discurso dos vários enunciados grafite, com base num focalizador explícito que exerce uma didática central; isto é, a partir da definição que cada texto realiza. O mesmo se pode dizer sobre aquilo que a focalização oculta que, como o contrário do que se exibe, é também um fato positivo e central; se o enunciado num muro da Caracas atual afirma "O comunismo vende os homens", oculta o que fazem outros sistemas e, então, é apenas questão de lógica social que surja num dia qualquer, no mesmo muro, a resposta "E o capitalismo os compra", resposta esta que esconderá, por sua vez, outros aspectos do universo político. A relação focalização-ocultamento parece uma constante inerente ao sistema grafite, num sentido explícito, já que seus enunciados, por necessidades inatas, são construídos sobre uma máxima sintetização do saber que expressam.

A imagem do grafite, entendendo-se agora tão somente os elementos plásticos, recebe tal herança de economia e centralidade expressiva de seus enunciados e parece repetir o mesmo destino. Examinemos o grafite.

Coleção Armando Silva, Bogotá, 1976.

A figura do então presidente da Colômbia em 1976, Alfonso López Michelsen, divide-se em dois fragmentos: o rosto e uma mão gigante ✻. Como conjunto, a figura possui um *núcleo narrativo* e visual que corresponde aos dentes, desenhados em forma de caninos; tal hipertrofia se repete nos nós dos dedos de suas mãos: assim, os dentes do primeiro segmento correspondem, por continuidade visual, aos dedos curtos do segundo. A perspectiva marca a mesma direção, só que o rosto é concebido numa perspectiva vertical, enquanto a perspectiva do braço é horizontal, mas ambos os segmentos buscam certo ilusionismo visual sobre o órgão hipertrofiado. A figura focaliza um *fundo* em cada segmento: no primeiro, o quepe militar sobre uma silhueta; no segundo, uma indefesa vítima é oprimida. O nariz enorme do presidente, que se repete na sombra do militar, não é mais do que um "guia de leitura" do contexto social, pois corresponde a uma referência caricatural: certamente, o nariz de tal personagem principal (o presidente colombiano) foi motivo de chacota e escárnio durante sua administração (1974-1978).

A mão que oprime a vítima – que, ao observarmos melhor a figura e o fundo, não sabemos se é a do presidente ou a de sua sombra – pode nos dizer agora, quando esmaga uma pessoa indefesa, que não poderia ser outra, segundo a lógica do desenho geral, senão a representação do povo. Este grafema quer dizer, portanto, que se trata do povo (corpo) oprimido, o que permite entender a *função narrativa central* dos dentes caninos: órgão com o que se devora. Repetir o presidente López, escrever numa palavra o que o grafite já mostra com tanta evidência, pareceria uma *segunda operação enunciativa*, nesta ocasião de caráter metaoperacional, conforme chama E. Garroni, como se o mesmo texto pretendesse criar a aparência da presença de outro sujeito da enunciação, diferente do responsável pela composição étnica. Ou seja, que neste, como em outros grafites, aparecem *índices metaoperacionais* com funções narrativas específicas.

Por sua vez, entendo o "ponto de vista" como uma operação de mediação: aquela entre a figura grafite e seu observador. O ponto de vista implica, dessa maneira, um exercício de visão, o captar um registro visual, mas também compromete o olhar, isto é, o sujeito de emoções, que se projeta e se "enquadra" no que olha.

Entretanto, aquilo que especialmente me interessa como problema do olhar sobre o grafite é, precisamente, sua relação afetiva com o cidadão local e, então, com o que a imagem mostra,[21] o que representa no cenário grafite, aquilo que é inquietante e sinistro, que pode ser assimilado ao obsceno e ao proibido. Ver o obsceno, aquilo socialmente restrito, por princípio, ao campo da visão já é chocante por si mesmo; mas ver o obsceno na qualidade de provocação pública, como exibição para todos os olhos, complica ainda mais o exercício visual, e o faz numa operação coletiva. Digamos que *no grafite*,

---

21 A dialética entre a percepção e o desejo corresponde a um dos temas centrais de Freud, particularmente em algumas das páginas de mais destaque de sua *Interpretação dos sonhos* (1916). Da mesma forma, a obra de autores da psicanálise indicados na bibliografia.

do ponto de vista da observação, se trata de ver o obsceno que está exibido para que os vizinhos o observem.

A teoria psicanalítica já assinalou a "função separativa do olho", isto é, que na "relação escópica, o objeto do qual depende a fantasia [...] é o olhar" (Lacan, 1977, p. 93). Também, por outro lado, a moderna teoria da arte constatou o nível iconológico de todas as imagens como um nível interpretativo (Panofscky, 1983), que para meus interesses se poderia entender como uma interpretação coletiva, não intencional e não permanente, que se verifica em toda comunidade em sua condição de território social e de comunicação, com respeito ao grafite que a circunda. Ou, superados os limites descritivos e plásticos, todo grafite é observado por seus usuários, tanto a partir de uma interpretação extratextual que lhe antecede, como também em relação a outros grafites que possam ser a ele associados (imaginários de bairro...), e estas circunstâncias afetam o olhar sobre cada anúncio. Por isso, sem dúvida, o próprio texto grafite produz efeitos de comunicação diferentes segundo o microterritório em que apareça.

Recolho, então, estas duas noções fundamentais da *Psicanálise e a teoria da arte*, apoiando-me em E. Kris (1957) e em E. Ehrenzweig (1965) para propor o exercício de leitura e observação do grafite a partir do observador, a quem agora mais vale chamar por seu nome social (ou extratextual), isto é, *cidadão*, para envolvê-lo como sujeito efetivo de um exercício de interpretação. Estas operações sofrem diferenças quando não é o grafite, mas a arte urbana ou o público, o objeto de observação, como veremos na terceira parte do livro, mas partiremos do aqui estipulado.

Três seriam as operações já demarcadas que atuam de modo progressivo: 1) objeto de exibição; 2) observação por um sujeito; e 3) olhar citadino.

No primeiro caso, trata-se de um texto posto em cena, mas de qualificação grafite. A imagem grafite é acompanhada pelo *pressuposto de perverter uma ordem*, e nisto está seu gozo e perversidade; dessa maneira, sua *gestalt* está disposta para um contato de implicações emotivas. O objeto grafite é exibicionista, pois é acompanhado de um propósito provocador.

A observação pragmática do segundo passo, quero apresentá-la como uma operação de *enquadramento* entre o que se mostra e o que pode ser recebido por cada sujeito de percepção efetiva e afetiva. Pode-se alegar aqui que há *enquadramentos explícitos*, já esgotados em princípio pela focalização enunciativa, como é o caso de textos verbais sem nova capacidade semântica, por exemplo, "Fora, ianques imperialistas" nos anos 1960 e 1970, ou o seu deslocamento em "Abaixo o Tratado de Livre Comércio" nos anos 1990, mensagens profusamente localizadas nas amostras de estudo e outros similares. Por outro lado, há *enquadramentos implícitos e complexos*, que exigem médio ou alto nível interpretativo, seja pela ambiguidade do texto, por corresponder a uma proposta de enunciação estética, por tratar-se de textos intermediários, seja por sua forte carga simbólica e acaso territorial (no sentido do socioleto) do exibido.

Quando em Buenos Aires aparece num muro, "A masturbação produz amnésia... e não recordo o que mais" (El Clarín, 2000) e outro em resposta exibe "Marce: eu entendo que você não consiga viver sem mim porque eu também não posso viver sem mim", entra-se numa complexidade maior. A imaginária Marce transforma-se na masturbadora que se esquece de tudo e seu companheiro barulhento, num cidadão alienado em seu egocentrismo. Tudo isso faz do muro um lugar complexo de solidões e de emoções.

Na terceira operação de olhar citadino, nos aproximamos de um exercício coletivo de base ética e estética que, é claro, filtra e seleciona todo o acontecer social posto em circulação pública, que se pode chamar grafite ou não. No entanto, é neste ponto que talvez possamos estabelecer uma ponte muito precisa entre enunciação e leitura individual e coletiva.

Em princípio, o movimento semântico do grafite pretende o impacto no cidadão, busca chocar o observador com respeito àquilo que os outros circuitos de comunicação "oficial" ou institucional mantêm cativo; por isso, o registro de enunciação grafite se propõe como "descativeiro" de alguma ideologia dominante. O ato de colocar o olhar, por parte de qualquer observador territorial, sobre o anúncio provocador e deslizá-lo ao longo do exibido geraria um encontro entre a representação (enunciação) e o "enquadramento" do observador que faria *coincidir a focalização enunciativa com o ponto de vista do observador*. O representado torna-se objeto de gozo, e também saber com qual deles se identifica o olhar citadino, dando lugar, como me referi, a emblemas da cidade. Porém, esta excelente operação de registro pode ir mais longe: o proibido, anunciado pelo grafite, pode expandir-se dentro de um raio de ação emissora, de forma que possa ir ganhando aceitação dentro da respectiva comunidade (pensemos num bairro popular ou num *campus* universitário), e, ao se saberem todos conhecedores do anunciado, se produziria um acontecimento social que bem pode ser aceito como de *olhar cúmplice*. O grafite ultrapassa aqui o sujeito individual e compromete o olhar citadino de uma coletividade.

Estamos no último passo anotado, diante do grafite que anteriormente denominei "grande impacto" (emblemático); porém, no que concerne ao fato psicológico, falaria do próprio fenômeno de refletir-se num grafite do qual não se é sujeito de emissão, equiparável assim à circunstância na qual o sujeito cumpre todo o processo do circuito emissão-destinatário. Situação paradoxal, então, em que *o sujeito se inscreve ou se desenha sobre um muro para ver a si mesmo como imagem pública*.

O autografite (no sentido de autógrafo), de auto-observação, revela os vínculos entre objeto fetiche (muros, desenhos, assinatura etc.) e exibição pública, que pode dinamizar uma experiência de tal natureza, e neste sentido constitui uma ação que se enche de valores não só psicológicos profundos, mas simbólicos e mesmo mágicos.²² Não é estranha, pelo que foi dito, a afirmação de uma extensa pesquisa sobre os nomes de pessoas marcados nas pirâmides do Egito: "Uma obscura reminiscência de ordem mágica pode ser a origem da necessidade que o homem tem de colocar seu nome nos lugares que considera eternos" (Goyon, 1944, p. XXIII). Contudo, meu interesse na auto-observação grafite está mais diretamente relacionado com o olhar cúmplice da vizinhança, pois é na identificação do observador com a representação enunciada que se realiza um acontecimento importante: o sujeito olha seu ponto de vista. Choque fabuloso este, em que se mostrou (o representado) o que o próprio observador gostaria de exibir (autoprojeção).

Das operações descritas para conceber o "ponto de vista" do cidadão-observador, pode-se agora compreender a seguinte ordem, que rediscute nominalmente o já assinalado, para prosseguir também de modo progressivo: 1) o exibido (o objeto representado); 2) o enquadramento (do sujeito de observação); e 3) o olhar (da "leitura citadina", do "olhar cúmplice", a do "ver-se publicamente", ou da "autografia" e da "autoprojeção").

Exibição, enquadramento e olhar constroem o ponto de vista do cidadão-observador. É evidente, nesta tríade, o movimento que se produz do ético para o estético e, ao contrário, do estético para o ético. A obscenidade grafite parte de uma enunciação proibida pela moral e pela ideologia dominante e se propõe como programa rebelde, como ruptura estética, tanto na estratégia de representação como na virtualidade de leitura cúmplice.

O olhar, em sua condição de alusão imaginária a um desejo, desata fantasias, é ponto de desencadeamento do fantasma individual e coletivo. Ao grafite, por princípio construído

---

22 A esse respeito, como resposta de uma teoria estética geral, consultar J. Mukařvský, "El lugar de la función estética entre las demás funciones", 1942.

na qualidade de *gestalt* provocadora, antecede o desejo de ser olhado, e daí não só seu caráter de exibição pública, mas sua vinculação direta com utopias urbanas. Porém, a regulamentação social do olhar, a leitura não cúmplice, em sua condição de espiã, coloca em marcha o aparelho ético-legal para transformar a exibição pública em escândalo grosseiro. O olhar, portanto, se debate e se move sob o ritmo do ver citadino, dentro de pressões sociais concretas; no entanto, paradoxalmente são as mesmas condições que originaram a representação grafite. Poderíamos afirmar o seguinte: *o que o grafite mostra é aquilo que é proibido a ele próprio e, assim, já estamos diante de sua mecânica delirante.*

Entende-se o nível interpretativo do grafite, como expliquei, nem tanto no sentido da análise iconográfica, mas como categoria padronizadora do olhar citadino; por extensão, faz parte da estruturação do "ponto de vista". Contudo, tanto o olhar como sua interpretação não são os mesmos para outras exposições figurativas, como a pintura ou a projeção audiovisual. Há diferenças na elaboração material e de sua lógica de gênero, além de diversidades com respeito ao circuito comunicativo acessado por um ou outros gêneros visuais. Não obstante, o que fundamentalmente qualifica o "ponto de vista" do grafite é sua exposição pública e, portanto, estamos diante do olhar não de um espectador, mas legitimamente diante do olhar de um cidadão. De novo, trata-se da passagem do espaço urbano para a esfera pública.

O grafite se mostra ao cidadão, é isso;[23] enquanto o cidadão responde com seu olhar, em um curto-circuito de contato visual, embora hoje não necessariamente por este sentido, que, se fosse deixado um resíduo simbólico, não poderia ser outro senão uma contribuição à definição da categoria comunitária do urbano.

---

23 Neste caso, continuamos o sentido da função do olhar descrito por Merleau-Ponty em *Le visible et l'invisible* (1964).

segunda parte

da a

te grafite
ao

Intervenção urbana por um defecador anônimo na Califórnia: "A arte é merda"

Entre as várias cidadezinhas que integram o condado de Orange, na Califórnia, há uma que se destaca por seu sentido de higiene e eficiência. Trata-se de Irvine, uma das primeiras cidades--corporação (no sentido de "grande empresa") na história da humanidade "pensada como modelo para o futuro desenvolvimento da civilização ocidental por companhias como Irvine Company, Mobil Oil Corporation, Henry Ford II, entre outras", segundo afirmou à revista *Fortune* em 1989 o senador Zalamic. A Irvine Company também é dona de um estilo de vida e gestora de uma nova utopia republicana que combina, no aspecto político, certo regime socialista, fascismo e democracia capitalista. O regime autoritário pode ser percebido. As cores das residências não passam de três variantes em evocações pastel-renascimento; em várias zonas, vende-se a casa mas não a terra, que continua sendo propriedade da corporação; a grama deve ser cortada numa medida exata em toda a cidade; os espaços de circulação são estritamente demarcados, as zonas de comércio e seus usos foram concebidos desde o início. A propaganda oficial feita pela Câmara de Comércio convida a viver em Irvine como "a cidade onde os medos não são parte de sua vida diária".

O plano original se transforma, então, num documento cheio de regras que, a qualquer momento, alguém oferece ao seu vizinho, se não seguir um bom comportamento dos cidadãos. A regra de ouro que todos precisam saber é uma: o trabalho proporciona o sentido urbano. Ao lado do trabalho, a indústria desenvolve seus planos de apoio. O objeto mais apreciado de todos é o próprio corpo, e sempre em consonância com a vida moderna contemporânea que lhe rende culto. O corpo é mantido para melhorar a produção. Os exercícios físicos tornam-se algo que lembra uma nova religião. A pessoa acorda de manhã cedo e percebe vários corpos atléticos em busca de saúde e beleza; homens e mulheres correm desesperadamente, muitas vezes devido a um ou outro quilo em excesso, mas que, por isso, sofrerá a censura de terceiros. O corpo merece atenção e talvez essa seja a indústria mais bem-sucedida depois da eletrônica; uma indústria que vende exercícios para cada parte da anatomia, para cada idade e momento. Em Irvine, em geral não residem idosos, talvez porque seu corpo não ofereça a vitalidade exigida por essa cidade de jovens atletas.

O tema político por excelência são as imigrações, porque afinal Irvine é constituída por forasteiros. Tanta limpeza é atribuída a uma só raça dominante, a branca, pois se tenta valorizar como legítimas apenas as primeiras imigrações. As que vêm depois, a asiática, a latina, são vistas como impróprias, mas com algumas gradações. Os asiáticos são mais bem aceitos que os latinos – ou melhor, os mexicanos, que são aqueles que habitam ali –, por vários motivos que se poderiam sintetizar da seguinte forma: os orientais trabalham, são silenciosos, não reclamam, estão mais dispostos a esquecer seu país de origem e, quando são ricos, caso de vários coreanos que chegaram logo após os vietnamitas pobres, trazem dinheiro "fresco". Já os mexicanos, pelo contrário, não se esquecem de sua terra, são pobres, insistem em falar espanhol e além disso, na história real, eram os verdadeiros proprietários de toda a Califórnia. Ergueu-se, então, como consequência dessa ideologia excludente, um enorme muro em toda a Califórnia para defender-se dos mexicanos; sua construção começou em fevereiro de 1996, às vésperas das eleições presidenciais, o que comprova a dimensão política deste assunto quente. E, mesmo na era Obama (novo século), não se corrigiu isso; pelo contrário, a questão se consolida. Em maio de 2010, o Arizona promulgou uma lei anti-imigração que considera suspeito qualquer cidadão que tenha traços faciais mexicanos ou latinos: a fronteira avança ainda mais para dentro.

A ideia de uma cultura branca dominante não é recente, mas opõe a "cor como etnia diante do branco como transparente", como afirma Dean MacCannel. Ocorre então uma forma de racismo como parte do que se chamou plano original, o qual atribui mais legitimidade ao branco ou àqueles que, embora não o sejam, se enquadram no modo de ser dos primeiros, pois "ser branco" se constata não só pela raça, mas também pela evocação cultural. Qualquer conduta indesejada é imediatamente associada aos outros, como ocorreu com a patética história de um "defecador anônimo", instalador e grafiteiro urbano que, num dado momento, enlouqueceu as autoridades do *campus* da UCI[24] que tentavam identificá-lo. Ao seguir seus procedimentos, revelaram-se claras distinções ideológicas nos modos de ver os habitantes, classificá-los e usar a ciência e a técnica para fins de patrulhamentos e de puritanismo. Examinemos a picante história da qual fui testemunha de exceção.

Desde o final do ano de 1995, começaram a aparecer amostras isoladas de fezes em diferentes lugares do *campus*. E continuaram, apesar de várias advertências no jornal da comunidade, *Verano Gazzete*, editado pela administração. Pouco a pouco, as queixas aumentaram diante da impossibilidade de descobrir quem era o defecador fantasma. Por sua vez, este foi ocupando novos locais, e em algumas manhãs suas fezes se

---

24 A Universidade da California, Irvine (UCI) é um centro de estudos de elevado reconhecimento mundial nas áreas de ciências e literatura, onde tive o privilégio de concluir meus estudos de doutorado, justamente nessa época.

mostravam ainda mais desprezíveis que em outras. A edição do dia 26 de janeiro de 1996, um número extra, anunciou em espanhol, mandarim e vietnamita (representando as línguas dos três grupos pobres que ali frequentavam, embora no *campus* existirem falantes de muitas outras línguas) a mensagem intitulada urgente. Na parte em espanhol, dizia: "Alguém esteve defecando [...] solicitamos sua imediata cooperação para interromper esta inaceitável conduta". Na edição do dia 2 de fevereiro já surgiam alguns resultados de laboratório e de observação contínua e sistemática, como fazem os cientistas sociais. Escreveram o seguinte: "Relatos sobre os excrementos indicam que o horário da defecação varia, mas a maioria dos depósitos ocorre pela manhã. As fezes são agora cobertas com guardanapos ou papel higiênico, enfeitando sua forma: a maioria foi localizada nestes lugares [...] Não sabemos ainda se se trata de amostra de crianças ou adultos, algumas são muito longas e outras muito pequenas...". Porém, o passo seguinte foi o mais revelador. O escritório da administração chegou a uma conclusão impublicável por seus resultados: o defecador foi identificado como oriental, pois o laboratório mostrou o tipo de verduras que consumia e, além disso, pela forma das fezes, muito estendidas por efeito de uma dieta oriental que limpa o estômago com verduras. O passo a seguir consistiu em inventar um produto químico que explodisse para que este "defecador anônimo", como considero justo chamá-lo, fosse atacado em suas partes nobres quando realizasse a ação e ficasse com uma espécie de coceira que fizesse da ação ilícita um desconforto. Também se pensou em câmeras de TV escondidas para prevenir futuros defecadores, animados pelo êxito do "infisgável" original.

Essa história, parte da qual relatei no livro sobre *urban imaginaries* quando fui convidado a participar da Documenta 11 (2002), um dos eventos mundiais que mais se destacam na arte contemporânea, retomei-a como apresentação desta segunda parte do livro.²⁵ Nela, aparecem seis fatores de inter-relação entre a arte pública e o grafite, que nos ilustram sobre esse mesmo fenômeno urbano:

Armando Silva, Bogotá, 1981. "A arte é merda."

- intervenção em uma comunidade local;
- a cidade como objeto material da intervenção, em lugar de museus ou galerias;
- busca de novas formas de expressão dentro do ambiente urbano;
- desvalorização dos meios tradicionais de arte;
- alta conotação política de uma ação; e
- maior valorização do significado da ação sobre seus aspectos formais.

A história que narrei pode ser representada por um velho grafite dos anos 1980: "A arte é (literalmente, neste caso) merda", pois aquela exaltação do muro como (o verdadeiro) lugar de expressão dos cidadãos, diante dos artifícios dos museus

---

25 Devo informar que o romance de Alberto Fuguet, *Las películas de mi vida* (2004), plagiou essa história que aqui apresento ao incluí-la nessa narrativa, tal como a transcrevi em 2001 para Documenta 11. Não se trata de um romance ou de ficção, foi resultado único de minha observação desse fenômeno social que o escritor chileno mencionado, com habilidade, apresenta como se fosse invenção dele. As provas de meu trabalho estão documentadas em cada passo, tanto em fichas de observação que fiz com meus alunos da Universidade da Califórnia, Irvine (1996), como em várias publicações que fiz anteriores à escrita desse romance chileno.

onde reside a arte (merda), me parece que está, desde o início dos movimentos grafiteiros, desprendida das marcas ideológicas do final do século passado, seu imaginário dominante. Várias expressões de rua vinham irrompendo com a crença de estar produzindo um novo tipo de arte, com vários nomes e designações, às vezes locais, às vezes de comum acordo com movimentos internacionais, e, por isso mesmo, a confusão entre a arte pública e o pós-grafite, chamando assim a quem em geral se interessa mais pela expressão do que pelo combate ideológico explícito.

Se refletirmos sobre o que vem fazendo nas últimas décadas a chamada arte pública, como assinalei em outra publicação (Silva, 2007a), poderemos concluir que também novas buscas e outras atitudes e gestos dos criadores lograram uma vasta apropriação de lugares não tradicionais, fora dos museus e galerias onde se costuma exibir a atividade artística, até o ponto em que "qualquer local e qualquer ação é potencialmente artistizável", repete Sulvette Babin (2005, p. 15).

Qualquer lugar pode se transformar em espaço de arte, o que gera forte rivalidade com o mundo real e anula a diferença entre o espaço de vida e o outro da arte, fazendo do público uma potencialidade estética e dos cidadãos, muitas vezes, passantes ocasionais surpreendidos pela ação, alguns públicos de arte. Neste comportamento da arte, tal como ocorre em certo grafite, também se valoriza a supremacia do pensamento sobre a matéria para entendê-lo não tanto como um fato visual, mas como uma arte-pensamento, o que favorece uma cultura do imaterial, ou seja, a instalação do imaginário estético na mesma cotidianidade urbana. Se tanto na arte pública como no grafite se trata de criações críticas ao estabelecido, essas invenções de contraimagens dispostas à transgressão e voltadas para a ampliação do público abrigarão, como missão política, sua própria produção estética, devido a sua condição desencadeante de outras simbologias sociais.

Arte pública e arte urbana

A chamada arte pública (*public art*) teve início na década de 1960 e desde então conta com vários cultivadores. "O desenvolvimento mais notável da escultura pública dos últimos trinta anos foi (precisamente) o aparecimento da própria escultura", enfatiza Michel North, para assinalar com isso um novo rumo da modernidade internacional, informal e repetitiva, e insistir na obra em um *specific place*, no lugar concreto e para cidadãos territoriais.

Embora eu não pretenda adiantar um debate especializado sobre as definições de arte pública, visto que são muito complexas e abundantes, retomarei alguns aspectos de interesse para o propósito de acumular informações sobre as relações do grafite com essas novas propostas do público dentro do urbanismo citadino que ressalto. Siah Armajanin sintetizou os objetivos da arte pública e da escultura pública, que, por sua vez, destaco e reorganizo da minha perspectiva, apontando quatro aspectos.[26] "A arte pública não trata do artista, mas de seu sentido cívico". As dimensões éticas da arte só podem restabelecer-se por uma nova relação com um público não especializado, ou seja, relacionam-se não com públicos, e sim com cidadãos. "A arte pública não é arte em espaços públicos", isso seria "arte em espaço público"; a arte pública é mediação. A mediação transforma o espaço em algo sociável, dando-lhe

---

26 Cf. Fernando Gómez Aguilera, "Arte, ciudadanos y espacio público" (2004), que eu mesmo sintetizo.

forma e atraindo a atenção de seus cidadãos para o contexto mais amplo da vida, das pessoas, das ruas e da cidade. "O espaço público sempre é político e a arte pública sempre está predisposta à política". Trata-se aqui de destacar a relação entre a arte e o desejo de mudar o entorno sobre o qual se atua e também o fato de que "a escultura pública deve possuir uma identidade geográfica": a escultura pública não é tão somente uma criação artística, mas uma produção social e cultural baseada em necessidades concretas; é também uma produção em colaboração coletiva. A escultura, deste modo, se estende aos objetos urbanos e estes, aos simbolismos citadinos que, acredito, são o objeto dos imaginários urbanos (Silva, 2003-2007).

Trata-se então, no que me interessa sublinhar, de diferenciar a arte exibida no espaço público, como estatuária ou esculturas fixas ou arte equestre ou monumental, contra o que justamente se procede ao tachá-la de anacrônica ou elitista e desgastada, da arte pública como arte do pensamento social.[27] Então, aquela arte pública que ressemantizou o nome tende a reelaborar seu conceito e funciona melhor, como certas práticas artísticas em lugares concretos com história local; envolve os vizinhos ou visitantes do lugar, gera uma demanda pública, dirige-se a todos e se preocupa mais em dar uma nova interpretação política a um fato, usando claras estratégias estéticas para envolver as demais pessoas. E isso é o que destaco, pois será possível perceber que tanto o grafite como a arte pública e, como veremos, os imaginários urbanos projetam sua ação a partir de uma dimensão estética e citadina, que privilegiam.

Mas será que existe o espaço público? Novas tendências, em especial estudiosos da geografia,[28] anunciam sua negativa. O que conhecemos como público é na verdade o espaço urbano, enquanto o público corresponderia a uma instância a ser con-

---

27 A revista *Estudios Visuales*, que foi dirigida pelo crítico madrilenho José Luis Brea (já falecido), tem várias matérias sobre o assunto e pode ser consultada na internet.
28 Assunto amplamente debatido no II Seminário Internacional sobre Microterritorialidades nas Cidades, na Faculdade de Ciências e Tecnologia da Universidade Estadual Paulista – Unesp, *campus* de Presidente Prudente, entre 11 e 12 de novembro de 2012.

seguida. O público, no sentido daquilo que é comum aos cidadãos, está em disputa, em confronto permanente; possui, como a arte pública, uma conotação política. Assim, migra-se do descritivo, o lugar físico, ao analítico, o debate. Na verdade, o urbano tem muitas interações, e uma delas é sua dimensão pública, que passa deste modo pelo debate, paralelo à esfera pública. Neste caso, o público não é mediado pelo consumo, como serão os espaços urbanos: um parque é urbano, regulamentado e institucionalizado, justo o que não é público, sempre aberto a uma possibilidade de futuro, à conquista. Assim, o que é público se assemelha ao que afirmamos com respeito ao grafite, ou ao que chamei de "urbanismo citadino" (Silva, 2007), que se desprende da cidade para assumir o urbano como objeto de construção citadina.

Por seu lado, a arte contemporânea, dentro da qual se inscreve a arte pública, se relaciona com o debate urbano que vimos expondo. Pode ser realizada no espaço urbano, pode ser parte da estratégia de conquista do público e não necessariamente significa fazer alguma obra, pois se trata mais de relacionar o que existe, de gerar novos contextos, de integrar a arte dentro da cultura, e não vê-la como algo diferente, não como uma obra única concluída, e sim como forma de marcar o processo de uma rota crítica. Daí que seja tão próprio experimentar e, como se dizia sobre o espaço público, levar adiante um ativismo social.

Entre suas muitas formas de ser entendida, a arte contemporânea pode ter o sentido de *after*, "o que vem depois", dizem alguns de seus críticos; mas depois do quê? Da modernidade? Da arte figurativa ou abstrata? Ou do desaparecimento do Muro de Berlim ou da queda das torres em Nova York, certamente dois acontecimentos político externos à arte. Enfim, pode-se argumentar que acompanha os denominados esforços para discernir acerca dos pós-colonialismos ou da pós-ocidentalidade (Silva, 2012), ou que faz parte de uma extensão do desconstrucionismo,²⁹ ou que se faz porque existe a *mass media*. De qualquer modo, funciona como exorcismo estético, quiçá "como uma crítica a si mesmo do capitalismo em sua hipermodernidade" (Medina, 2010, p. 20), para o que se dota de novos elementos que muitas vezes estão no vernáculo e, desta perspectiva, em diálogo com experiências globais. No entanto, o contemporâneo não significa, é claro, estar no presente, "*it means to be with time rather than in time*", sustenta B. Groys (2010, p. 32), para dar a entender que está por fora, de forma atemporal, se quisermos dizê-lo mais radicalmente.

Na contemporaneidade, que por sua própria natureza implica uma ambientação de subjetividades e de trabalho com os mais inesperados materiais, não previstos antes como matéria "artistizável", a arte se aproxima da vida diária. E nisso funciona como o grafite.

O escultor norte-americano Seth Wulsin, que vive na Argentina, realizou uma ação que marca bem todas as condições da arte pública, pois interveio de modo criativo e sobre uma proposta política, o Pátio de Recreações do edifício inaugurado no dia 23 de abril de 1979 pela ditadura de Rafael Videla, que deixou enorme saldo de torturados e desaparecidos. Essa prisão de Caseros, enquanto era demolida em março de 2006, foi mostrando o trabalho prévio de Wulsin. Nas janelas do edifício onde antes se alojaram presos políticos em condições infra-humanas durante o terrorismo de Estado se apreciava, segundo o reflexo do sol, uma série de rostos humanos, como sombras que recordavam e dignificavam os torturados ou assassinados. "O artista descobriu que nas janelas – cada uma composta por 209 circunferências de vidro grosso – poderia eliminar alguns círculos e gerar, mediante um ângulo em perspectiva, a percepção de rostos humanos, como se fossem *pixels* numa tela de computador" (Caseros, p. 12, 27 de julho de 2006).

---

29 Meu texto *30 años después* (2012) relaciona a arte não objetual dos anos 1980 com vários princípios que identificam a contemporaneidade.

Como resultado, a cidade foi tomada com ruas e lugares precisos de observação. Para permitir a apreciação, informava que "o público que circular pela zona deve se deter durante a manhã (a partir das 10:30) em passeio entre as ruas Caseros e 15 de Noviembre. Durante a tarde (a partir das 14:30), é preciso observar nas ruas Pichincha e Rondeau". Olhando essa vultosa obra, notam-se os rostos como se fosse um holograma. "Deve-se caminhar e buscar os ângulos diferentes em que é possível vê-los", diz Wulsin. "É preciso mover-se, é um tipo de percepção ativa, já que muitas pessoas passam por ali e não veem as imagens. É preciso buscá-las para vê-las". A obra tem diferentes polaridades, "uma das mais básicas é a da luz e sombra. Também está nela a polaridade de aparecer e desaparecer", digo, autênticos fantasmas urbanos (pode-se ver em "notícias arquitetura", blog: *Seth Wulsin*, arte no cárcere). Ao mesmo tempo que se dá a destruição do edifício e o artista deixa ver esses espectros nas janelas, outro instalador, Kellen Quinn, foi registrando em vídeo tudo o que acontecia entre a obra e os cidadãos, assim ao edifício Caseros só restaram as ruínas, mas para a memória dos argentinos e do mundo ergue-se então o testemunho de um horror contra a humanidade.

Embora o termo "arte pública" surja da necessidade de propiciar uma nova relação com o cotidiano urbano e, portanto, com a vida social, permitindo um contato mais real com a vida para colocar em jogo forças diferentes daquelas encontradas no ambiente de uma galeria, é oportuno falar de "arte pública" a partir de uma dupla tradição: de um lado, aquela atada ao contexto físico, arquitetônico e histórico, que coloca grandes esculturas em espaços abertos das cidades e, de outro, a estratégia ligada aos contextos sociais e antropológicos, identificada como "novo gênero de arte pública", "arte litoral", "arte dialógica", "arte de intervenção", "arte contextual", "arte de base comunitária", "arte de interesse público" etc., e que se manifestou de modo altamente diverso contra a ideologia modernista de neutralidade da arte, assinala Alejandro Meitin (2007).

A instalação de Doris Salcedo exposta no Hall das Turbinas da Tate Modern, de Londres (2007), intitulada *Schibboleth* ("contrassenha", em hebreu) em homenagem ao poema homônimo de Paúl Celan (Derrida dedicou um livro a esse mesmo poema), quis dividir o mundo em dois, ou em vários pedaços, pois era constituída por uma enorme fenda que sulcou o piso, como depois de um terremoto. Embora a fenda aberta em plena galeria signifique, para sua autora, a extrema experiência racial representada pela tragédia de imigrantes ou retirantes, para outros observadores apresenta grande potencial evocatório de outras metáforas visuais, responsáveis por uma predileção pela obra: terremotos, catástrofes ou, até mesmo, o traseiro, o sexo feminino, como resistência. Pode ser entendida na linha da maior preocupação filosófica da contemporaneidade: pensar o mundo a partir do outro e até onde o complemento ou o submeto, o torno súdito derrotado; por isso, trata-se de um caso exemplar de arte pública, porém não nesse espaço público, mas numa galeria, centro do mundo da arte atual em que se abriu o buraco ✾. Aqui, torna-se relevante uma ação artística às avessas: não no espaço aberto, mas dentro, na própria galeria, tomada como lugar público, numa rua viva e quebrada.

Na Cidade do México, um grupo de artistas visuais composto por Ilana Boltvinik, Mariana

Nmnogueira, sobre obra de Doris Salcedo, Londres, 2007.

Mañón e Rodrigo Viñas recolhe o lixo. Fazem isso para saber o que os cidadãos jogam na rua; seu trabalho consistiu em classificar resíduos e tirar hipóteses de seus significados sociais. Após alguns meses de trabalho em três ruas centrais (Izazaga, San Jerónimo e Isabel, a Católica), descobriram que os objetos mais encontrados eram chicletes e suas embalagens, papel higiênico e talheres. Os chicletes grudam no asfalto da rua, deixando-a suja e grudenta, mas também marcada. Depois, deram cor aos vários tipos de resíduos e, ao evidenciá-los, puderam propor a ideia de que um campo de visibilidade se perde em nosso andar cotidiano: buracos, fendas, aberturas, malformações do cimento, cavidades, arbustos, jardineiras, alambrados, restos... São algumas das formas contentoras, criando-se, quando se desperta o olhar, "uma escultura urbana anônima" (Urban Exploration System, na web).

Em Havana e Caracas, não são artistas, mas cidadãos que atuam. Intervêm em seu próprio corpo para protestar publicamente contra o poder de seus governos antidemocráticos: não comem e fazem com que os meios de comunicação vejam e registrem sua fome. A mídia internacional os exibe nesse ir se esvaindo e desparecendo até a morte, em 2010, como ocorreu com o dissidente cubano Orlando Zapata após 86 dias sem consumir alimentos. Essa ação foi repetida no mesmo ano pelo caraquenho Franklin Brito, contra a expropriação de suas terras, com acréscimo de uma nova *performance* para tornar mais visível e dramático o protesto: costurou a boca e amputou seu próprio dedo mínimo da mão direita (El Tiempo, 9 de maio de 2010). Aprendem os cidadãos da arte pública ou, pelo contrário, os artistas públicos captaram, antes mesmo que as ciências sociais, um imaginário social para fazer da forma estética a maior contundência política diante de diferentes formas de poder. E aqui, novamente, está a proximidade entre grafite, arte pública e protesto urbano.

Arte urbana e a Bienal do Vazio

Juntamente com a anterior e ao mesmo tempo que ocorre a arte pública, surge outra denominação, arte urbana, que pretende etiquetar as formas de expressão urbana que tenham um grau de criação e não estejam em princípio voltadas para fins comerciais nem para recriar alguma imagem institucional. Assim, o grafite e a arte de rua serão os principais subgêneros que qualificam a arte urbana, até o extremo de não se poder diferenciar um do outro.

Caso paradigmático é o do inglês Banksy, uma espécie de "artista guerrilheiro" que, nos primeiros anos da década de 2010, encheu as ruas com imagens desafiadoras e estranhas, como, por exemplo, uma empregada que varre o lixo de uma rua de Londres para dentro do muro, criando a ilusão de uma terceira dimensão 55. O artista não revela a sua identidade real; contudo, a Galeria Andipa de Londres, em março de

Madelaida López Restrepo, Banksy, Londres, 2011.

2008, apresentou várias de suas obras, alcançando um êxito extraordinário. Ali, marcaram presença alguns de seus famosos ícones, como o "manifestante atirando flores", a "Mona Lisa empunhando uma bazuca" ou uma menina revistando um militar na Cisjordânia. As obras de Banksy atingiram preços exorbitantes: uma delas, comprada no ano 2000 por duzentos dólares, foi vendida na galeria citada por trezentos mil dólares (El Tiempo, 3 de abril de 2008) e, até mesmo, chegou-se ao ato de "contravandalismo" de arrancar os muros onde o antigo grafiteiro tinha realizado um grafite para vendê-lo como arte. Na cidade natal do artista, Bristol, houve um referendo para conservar suas obras nos muros originais, com 95% de votos a favor (Cromos, agosto de 2008), e assim a polícia tem instruções de apagar todos os grafites menos os de Banksy. Estamos de novo diante do fenômeno dos anos 1960, quando o grafite foi levado às galerias, de onde logo a seguir se desenvolveriam movimentos como a transvanguarda italiana.

"A intervenção foi por volta das 2 da madrugada, durou duas horas e tudo foi em segredo", disse Carlos Blanco, diretor da galeria do Centro Colombo Americano, em Bogotá (El Tiempo, 27 de março de 2010). "Eu os conheci em Miami na Art Bassel (2009), eram três, e talvez um deles fosse o verdadeiro Banksy. Depois, pelo correio, acertamos: veio sem que eu o visse e nesta manhã (24 de março de 2010) fez essa 'Mulher Maravilha'" ✿.[30] Será que era mesmo Banksy? Ao menos seu fantasma. Com este artista urbano, recupera-se a ideia do anonimato do grafite e se introduz a mídia como colaboradora do mistério e do espetáculo sobre os muros urbanos.

Estamos, em todo caso, diante de três fenômenos com tênues marcas de diferença e autonomia entre cada um dos gêneros de expressão urbana. Vejamos.

Um deles é a arte urbana, que congrega os artistas de rua e aqueles que fazem da rua o seu cenário de trabalho, mas que bem poderiam estar – com uma prévia qualidade formal, é

---

30 Agradeço ao artista e curador Carlos Blanco por ter cedido esta foto da imagem realizada por Banksy.

Carlos Blanco, visita
de Banksy a Bogotá,
2010.

claro – num museu ou em galerias. Outro é a arte pública, que nesse novo sentido de arte antropológica ou cultural, abrange as ações e criações de artistas que intervêm, fazem *performances* ou atuam, com fins abertamente políticos, não ideológicos, no urbano, ou seja, na mentalidade dos habitantes, chegando até mesmo a desconsiderar a obra física para produzir em seu lugar um significado estético político. E, finalmente, o grafite, que, com suas derivações locais, como pichações, *pintas* ou pirataria de *hackers*, continua sendo, segundo a classificação que fiz anteriormente, expressão de combate e conflito; grafite que em princípio não pretende chegar às galerias comerciais e é produzido, na maioria das vezes, de forma anônima, mas que nos últimos anos ganhou tal qualidade estética que o fez rivalizar com a arte urbana ou até com a chamada *street art*, perdendo ao que parece sua autonomia.

Com intuito de identificar e determinar cada um destes gêneros urbanos, diria que a arte urbana é caracterizada pela expressão plástica, a arte pública é marcada pela intervenção num espaço real ou virtual para ressignificação, e o grafite apresenta a confrontação e o conflito. Há também outra variável importante a ser considerada: a origem de cada um. A arte urbana provém da arte visual: simplesmente o que se fazia para mostrar em um espaço de arte será feito agora na rua, o que, é claro, outorga uma expressividade de rua; também é possível prever outra grande influência, vinda do muralismo mexicano, como o de Diego Rivera (1886-1957), que de qualquer forma também é arte assimilada à galeria, pois funciona com seus mesmos mecanismos de obra de arte. Por outro lado, está a arte pública, também herdeira da arte, mas que foi fortemente influenciada pela filosofia e pelas disciplinas sociais, até fazer do próprio pensamento a obra de arte, como o assume em geral a arte contemporânea. Enquanto isso, o grafite, em sua mais legítima e rude expressão, provém da rua desde a época do nascimento das cidades no Ocidente. Acontece que estes três gêneros convivem hoje como vizinhos e interlocutores no espaço urbano físico (ainda quando não se expressam exclusivamente ali) e transformaram os cidadãos em seu público de coabitação estética. Não se falará nestes casos de visitantes (como nos museus ou galerias), e sim de cidadãos que desfrutam dessas imagens ou as renegam em vários graus de provocação.

Aconteceu com essas expressões de rua e públicas a mesma coisa que com a cidade. No novo milênio, as cidades começam a ser estudadas nas disciplinas sociais por sua condição urbana, separadas. Pela primeira vez na história da cidade, é possível ser urbano sem viver numa cidade, pois a tecnologia, as mídias, a própria arte e, enfim, as ciências e as sociedades do conhecimento fazem com que nos urbanizemos mesmo sem compartilhar um espaço citadino físico. Tenho debatido a respeito deste fenômeno, que chamei de "urbanismo citadino" (Silva, 2007-2008), o que deu lugar aos estudos dos imaginários urbanos que se ocupam não da cidade, mas das mentalidades urbanas. Com os museus, ocorreu algo parecido, repito. Os artistas saíram de suas salas e foram expor na cidade, desmaterializando as obras "museais" para fazê-las interagir com cidadãos, ganhando com isso um novo público de rua, público que foi anteriormente de domínio quase exclusivo do grafite, incendiando, assim, ainda mais, a vizinhança plástica. E, por sua vez, o grafite, paradoxalmente, entrou nos museus ou galerias, que eram antes espaço próprio da arte visual em seus diversos modos de expressão. Desse modo, a definição dos limites destes três gêneros urbanos torna-se obscura, sobrepondo um ao outro, o que dificulta uma definição rigorosa.

Na Bienal de São Paulo de 2008, com curadoria de Ivo Mesquita e Ana Paula Cohen, o segundo piso do edifício no parque do Ibirapuera foi deixado em branco e sem obras. Chegava-se ali literalmente para não ver nada, apenas paredes sem cor, pelo que foi chamada de Bienal do Vazio. Porém, depois da noite de abertura, em 26 de outubro de 2008, cerca de quarenta jovens grafiteiros tomaram os espaços desocupados, os encheram de estranhas figuras e grafitaram suas paredes até serem reprimidos por um pelotão de segurança e policiais armados. O diálogo que poderia ter existido entre a instituição da Bienal e os grafiteiros rompeu-se e o vazio foi de ideias, conclui Hélcio Magalhães (em nota pessoal enviada a este autor em 20 de abril de 2010). Os curadores se expressaram através da imprensa (*O Globo*, 23 de outubro de 2008), a discussão ampliou-se e as consequências prosseguiram. Na foto, pode-se ver a ação de um segurança dominando um dos grafiteiros enquanto as figuras que estes fizeram saltam ao fundo 🟊.

Essa não era a primeira vez que esses grafiteiros intervinham num espaço dedicado à arte, pois, na noite de 11 de junho de 2008, já tinham feito ataques no Centro Universitário Belas Artes, na Vila Mariana, zona sul de São Paulo. Seu líder, Raphael Guedes, foi expulso desse centro, onde estudava. Tempos depois, na noite de 1º de setembro, o grupo invadiu a Galeria Choque Cultural, situada em Pinheiros, zona oeste, para protestar contra a banalização da arte de rua. Ali foi detida outra jovem (Carolina Bustos), acusada pelo Ministério Público de "associar milicianos com propósitos destrutivos de um edifício de arte". Foi condenada segundo o artigo 62 da Lei de Crimes Ambientais, destruição de Patrimônio Cultural. A Bienal, portanto, acabou por desencadear todo o processo e esta, segundo o próprio Magalhães, pode ter sido a marca mais importante da 28ª edição.

Choque Photos, Bienal do vazio, São Paulo, 2008.

Eu me detive nesse episódio, pois acredito que por ali circularam várias motivações estéticas da arte atual: o fazer uma exposição sem nada e remeter o espectador a um "vazio de obra" evidencia essa impossibilidade de representar o real. Se o realismo supõe a aceitação das coisas como elas "realmente" são, isso permite um olhar a partir de outro lado, como fazem Lacan e sua escola. O real é outra coisa: aquilo que resiste a ser formulado (simbolizado) e a ser representado, ou seja, como enfatiza Iris Zabala (2010), não sublinha a realidade "como ela é", mas na falta, no vazio do irrepresentável. O espaço vazio constitui-se em motivo perfeito para um ataque grafiteiro... Um belo dia se infiltraram, pintaram, agrediram com vontade as paredes brancas e puras... que no outro dia já não estavam brancas, mas cheias de grafites. Seu simbolismo posto em cena salta aos olhos: se a arte não tem nada para dizer, o grafite tem. Se nos dão paredes brancas, nós as tomaremos; se a arte é dos museus, nós a tornaremos rua e revolta.

Assim, o que aconteceu na Bienal é revelador, entre uma arte que se diz esgotada e um grafite que quer preencher os espaços; uma arte solene de museu e outra arte menos preciosa, que já tinha saído das galerias para vagar pelas ruas. O processo assinalado de exclusão do grafiteiro do museu, a aprendizagem que tem para preparar novos assaltos e, digamos, o gozo de enfrentar a autoridade, modo de legitimar sua atitude proibida, e as detenções por parte da polícia fecharam um quadro em que se evidenciam os caminhos do grafite, da arte urbana e da arte pública, entre a galeria e a rua, entre o solene e o rápido e desafiador, entre uma teoria que leva até o desaparecimento do objeto e uma prática que exalta a presença de signos, até mesmo em abundância.

Grafite e artistas públicos

Outra chave para a compreensão desses três gêneros pode ser a compreensão de que convivem com fronteiras quebradas em certas circunstâncias: um grafite pode ser visto e aceito como arte urbana, colocado numa galeria, passa a ser arte visual, mas na rua é percebido como sua natureza histórica: grafite. Embora seja verdade, como dissemos, o grafite interage dentro do conflito e isto o enche de um forte conteúdo político; sua forma varia com o surgimento da arte urbana e da arte pública, que, por sua vez, a afeta e também a qualifica. A esse respeito, diversos estudos chamam o grafite figurativo e estético do novo milênio de pós-grafite, o que estaria de acordo com o meu olhar das valências pré-operacionais que o classificam. Quando não se classificam nelas – com as ressalvas e esclarecimentos que fiz na primeira parte do livro –, não se trata de uma inscrição grafite, mas de arte urbana, embora se encaixe em muitos aspectos por sua própria irmandade espacial. Contudo, o pós-grafite, aquele de estilo *street art*, pode ser chamado de grafite conforme certas qualidades de operação conflitiva que o filtrem. Proponho examinar algumas produções dos anos 1980, com alguns poucos casos muito específicos, para perceber como o grafite foi-se tornando arte urbana, às vezes sem maior contundência grafiteira, mas talvez com maior capacidade estética.

Coleção Armando Silva, Bogotá, 1978.

Nos anos 1980, segundo nossa amostra de estudo de então,[31] em especial nas cidades da América Latina, houve vários fenômenos plásticos dos quais destaco alguns, que funcionam como antecedentes para a relação de aprendizagem mútua que foi ocorrendo entre as estratégias da arte e do grafite.

---

31 Refiro-me a meu estudo *Una ciudad imaginada* (1986), feito sobre a América Latina com uma amostragem de mais de três mil grafites, colhidos entre 1978 e 1984.

Na "colagem sobre objetos", se mancham objetos ou esculturas solenes com remendos de tinta, dessacralizando ícones, como no caso de universitários de esquerda e o camarada Lênin 🌀; nessa operação já se introduz um tipo de intervenção sobre objeto existente, a exemplo do que faz a arte pública. A "alambrada num cartaz" (1986) significa, como pregava Joseph Beuys (1921-1986),[32] o escultor mais contundente no reinício da arte pública, a projeção de uma escultura social 🌀. Nesta "alambrada", o plano se torna objeto tridimensional e, neste caso, perpetua a assimilação do conflito dentro da mesma imagem, ao citar o sangue das vítimas encarceradas; mas também pode ser associada com o ato de enrolar-se num corpo ou cobri-lo, como faz Christo (n. 1935). O mesmo ocorre quando o grafiteiro, ao melhor estilo de um artista público, "penetra na tela" e exibe o buraco feito com fúria, como se fosse uma pincelada expressionista 🌀, talvez à maneira do inglês Francis Bacon (1909-1992).

O grafite da época também foi tomando para si outras linguagens com outras lógicas, como a da história em quadrinhos, gênero que desde o início do século XX já se havia ocupado da cidade ou da assinatura plástica; neste grafite em Istambul, em 2013, seu autor não relata e sim mostra um estilo pictórico de bela composição 🌀. Ou na imagem, de importância na história do grafite, resenhada em 1985, quando na Universidade Nacional da Colômbia alguns grafiteiros cantam rock para um muro e pintam seus grafites com traços musicais 🌀, no nascimento desta nova tipologia de rock-grafite: fazer pichações com formas que representam a música rock, o que se espalha a muitos lugares, como Paris. Nessa cidade, Michael Maffesoli encontra, em 1988, na linha de metrô *Nation*, um grafite do mesmo estilo, a que denomina por coincidência como eu fizera para o da Universidade Nacional: grafite-rock (Silva e Maffesoli, Universidade Nacional, 1992). Este acontecimento

---

32 Daqui em diante, retomo a arte moderna e sua relação com os gêneros que estudo e ponho entre parênteses as datas de nascimento e morte de cada artista citado, apenas para orientar o leitor na localização do que sugiro.

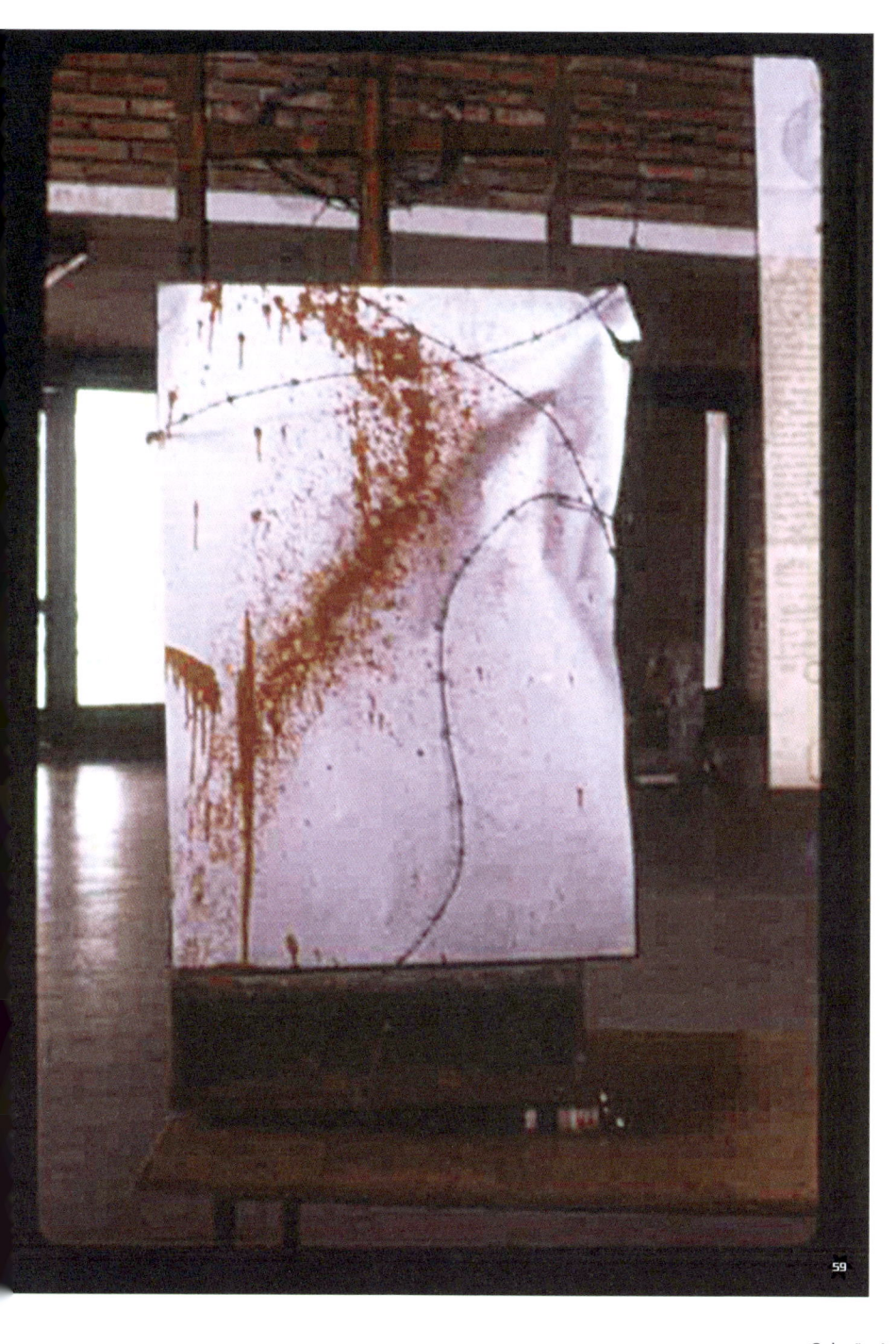

Coleção Armando
Silva, Bogotá, 1979.

134

Coleção Armando
Silva, Bogotá, 1979.

Hanni Uesseler, Istambul, 2013.   Coleção Armando Silva, Bogotá, 1989.

é significativo, já que durante aquela década e na seguinte espalharam-se por várias cidades as tribos urbanas adeptas do rock em todas as suas expressões e, além de suas pichações espalhafatosas, tomaram o grafite como um de seus modos de expressão (Silva, 2009). Ou seja, o grafite se estenderá ao corpo no modo de tatuagem tribal e será parte da expressão de juventudes e redes musicais a partir da década de 1990.

São apenas exemplos paradigmáticos do que se via há mais de duas décadas. Assim, o pós-grafite, ou arte urbana – vamos chamá-la agora dessa forma, com justiça – irrompe com figuras artísticas que, como no caso do grupo Bastardilla, na Cidade de Guatemala (2007), continuam as pautas dos fatos dos anos 1980 na América do Sul, desligando-se do grafite e entrando já na arte urbana ✾; e em Valência, Espanha, com a assinatura Stinkfish ✾. Também é objeto de inspiração de artistas que recorrem à estilística grafite, como dissemos sobre a transvanguarda, ou misturam seus traços com ação grafite. Ainda mais: recorrem agora sob sua condição de artistas aos lugares mais naturais de sua expressão, como as celas das prisões, tal qual faz o artista espanhol Alonso Gil, que em seu projeto "A cela-grade" pretende reviver marcas do panóptico (A. Gil, 2006) usando evocações grafiteiras.

Stinkfish (Ómar Delgado), Valência, 2007.

Stinkfish (Ómar Delgado), Cidade de Guatemala, 2007.

Autoria deslocada entre mídia e museus:
"Tanta sangre y les importa un culo"

Um novo elemento surge na cena urbana como consequência dos meios de comunicação e da circulação em rede pela internet na vida urbana. Cito um caso ocorrido em Bogotá, em 1993, quando o professor Antanas Mockus, então reitor da Universidade Nacional, durante uma aula magna, abaixou as calças e mostrou seu traseiro diante de um auditório que o impedia de fazer seu pronunciamento. Um estudante da plateia gravou o acontecimento e o levou aos meios de comunicação, que o transmitiram nessa mesma noite em rede nacional. Dessa maneira, todo o país foi testemunha presencial desse gesto poderoso, que desencadeou diversas emoções e juízos de valor diante do fato. Vários anos depois (maio de 2008), quando o Museu de Arte Moderna de Bogotá (Mambo) organizou uma exposição com meus arquivos de imaginários urbanos, intitulada *Desatar pasiones ciudadanas*; limpei o pó do gesto eloquente do reitor, captei fotograma por fotograma e o apresentei em *looping* dentro do museu. Ofereci, para o catálogo escrito pela curadora María Elvira Ardila, que me questionou sobre a importância do fato, os argumentos seguintes.

> Sim, o rastreamento deste acontecimento me leva a revelar um eloquente grafite de 1993, antes que sequer se pensasse que Mockus pudesse ser

prefeito de Bogotá (1995-1997): "Tanta sangre y les importa un culo".³³ É o momento em que abaixa as calças em sua posição de reitor e, depois desta ação, em 1995, é eleito prefeito, o que me fez pensar que esta foi a *performance* mais desencadeadora e poderosa já feita na Bogotá moderna. Nesse momento, vaticinei em minha coluna do jornal *El Tiempo* (*Ciudad imaginada*) que se tratava de um verdadeiro "prefeito imaginado" e que governaria com fantasias e outros desenfreados atos lúdicos, como de fato ocorreu. A partir desta *performance*, desatou-se toda uma simbologia referente ao traseiro, ao cu, na cidade; apoiada num olhar psicanalítico, significaria uma psicologia contestatória contra o estabelecido, fantasiosa e louca, por olhar o mundo por trás. Porém, o importante como acontecimento estético e político é que considero esse gesto iconoclasta como o início do que se chamará "o milagre bogotano", quando a cidade entra num caminho de criatividade, de reconhecimentos coletivos, de esperança por tudo o que aconteceu, desde a queda extraordinária do número de mortes violentas (passou-se de 82 mortos para cada 100 mil habitantes em 1982 para 24 em 1998 e 16 em 2012) até o bom desenvolvimento de sua economia, pois a cidade passou de um PIB de U$2.200 dos anos 1980 para um PIB próximo aos U$4.800 em 2002 e em 2009 superou os U$9.000 (*AmericaEconomia*, na internet). Começamos a viver um mundo imaginário e

---

33 *Importar un culo* é uma expressão chula e, literalmente, a frase seria "tanto sangue e eles se importam um cu"; a ideia pode ser entendida como "tanto sangue e eles estão se lixando" ou, em termos chulos, "tanto sangue e eles estão cagando". Sozinha, a palavra *culo* significa tanto "traseiro, bunda" como "cu, ânus". (N.T.)

Bogotá começa a crescer orgulhosa de seu futuro. A partir desse momento, há um desencadeamento de olhares para a cidade, de estudos, de projetos executados, que deixa para trás essa outra cidade provinciana e pré-moderna (Mambo, 2008) e chega a transformá-la, junto com a Cidade do México, na cidade que mais produz dados sobre si mesma em toda a América Latina (Projeto Imaginários Urbanos, 2008).

Como se deduz, cheguei a considerar o gesto do reitor como a passagem seguinte à exibição em museu do velho mictório de Duchamp (1887-1968) em 1916, mas com efeitos políticos concretos, pois o reitor se tornou prefeito real da cidade e desta posição tentou mudar a urbe. Os cidadãos o elegeram dentro de certas estratégias de ironia e chacota reveladas como armas políticas dos povos submetidos na obra de M. Bakhtin (1895-1975): *Cultura popular na Idade Média e no Renascimento: o contexto de François Rabelais* (1941). Diante de uma cidade-desastre, o povo escolheu uma personagem inesperada para que fizesse algo com as ruínas em que uma classe política corrupta e inepta a deixara: não havia muito a perder com qualquer experiência. Bogotá, depois de Mockus (prefeito entre 1995 e 1998), se sacudiu, cresceu em cultura cidadã e conseguiu por um tempo valiosos progressos, até conquistar em 2007, na X Bienal de Veneza, o prêmio Leão de Ouro, entre as dezesseis pré-selecionadas por seu diretor[34] como a cidade que mais havia progredido na década, ao refazer seu espaço público e suas culturas citadinas.

Que gênero de arte urbana praticou o reitor com sua ação desafiadora e provocativa? Grafite? Arte pública? Diria, primeiro, que estamos diante de uma cadeia de associações que

---

34 Richard Burdet e sua equipe selecionaram as cidades de maior pujança e complexidade urbanística na última década, e Bogotá foi uma delas. No final, Bogotá foi a vencedora do Leão de Ouro (R. Burdet, 2006). A apresentação da cidade para o catálogo *Cities, Arquitectures and Society* ficou sob minha responsabilidade (A. Silva, 2006).

quero sublinhar. Propus a tese de que Mockus, quando abaixou as calças, e isso foi exibido em rede pela TV aberta, desatou uma paixão pelo gesto iconoclasta, o que lhe proporcionou tal popularidade que lhe permitiu ganhar a simpatia dos cidadãos e, assim, vencer a eleição para prefeito. Examinemos os passos relacionados a esse acontecimento que fui arquivando em minha coluna de opinião no jornal *El Tiempo*, pois creio que esses atos públicos, para serem considerados acontecimentos plásticos, precisam de uma documentação que lhes é inerente e os justifica:

> O professor Mockus, movido por repentinos arroubos, voltou a atacar nesta oportunidade com outro de seus gestos que já se tornaram história nacional: provocar a solenidade da nação. Além disso, permitiu-se fazer um *happening* dentro das últimas tendências da arte: oferecer o corpo como espetáculo público. Ainda mais: pôs o país em transe como para uma psicanálise coletiva sobre nossos fantasmas anais. E, se buscarmos outro atributo: desencadeou o grafite do ano:
> "Tanta sangre y les importa un culo" (*El Tiempo*, coluna Ciudad imaginada, 28 de novembro de 1993).

É preciso ter presente que o *happening* como movimento de arte surge na década de 1960 e se caracteriza pela participação dos espectadores na obra. Como feito artístico, não se centra em objetos, e sim no evento a ser organizado e na participação das pessoas, cidadãos ou visitantes, para que deixem de ser sujeitos passivos e, com sua atividade, "alcancem uma liberação através da expressão emotiva e da representação coletiva", e é isso o que ocorre no fato que comento.

Seis anos após a primeira coluna, escrevi:

> De todas as partes do corpo, nenhuma como o traseiro saiu tão vitoriosa na última década. Ele se encontra por toda parte, anunciando a nova visão erótica do corpo do século XXI. Em capas de revistas, no cinema, na publicidade, na televisão e até em fotos familiares. Não há mulher bela se o seu traseiro não for aprovado aos olhos dos homens, e mesmo eles próprios já estão entrando na indústria dos traseiros empinados com próteses eficazes. A seu modo, esta descoberta é rebelde. Não só por ganhar propriedades antes negadas, mas também porque é o órgão de escape dos cidadãos para escolher novos políticos, bem como do terceiro sexo, antes humilhado e resguardado em guetos de homossexuais. Isto é expresso pelo grafite surgido nas ruas de Bogotá: "A bunda também tem direito de ser revolucionária".[35]
> (El Tiempo, 19 de dezembro de 1999, Mambo, 2008).

E concluo com este artigo de 2003, em meu livro *Bogotá imaginada*:

> Gesto que ainda recordam os cidadãos quando associam Mockus com a imagem de Bogotá. Ação iconoclasta não só contra uma esquerda solene e que grita muito, que não cedia a palavra, mas que fez um escândalo moralista que inclui a certa altura o próprio presidente da República, o senhor César Gaviria, que lhe pediu a renúncia por semelhante obscenidade. Isso deu lugar a um estupendo grafite, dada a verdade que estampa: "Mientras el país se derrumba al presidente le importa un culo"[36] (*Bogotá imaginada*, Taurus, 2003; Mambo, 2008.)

---

35 No original: "El culo también tiene derecho a ser revolucionario". (N.T.)
36 A tradução literal seria "Enquanto o país se desmantela, o presidente se *importa um cu*", isto é, o que importa é a expressão chula, que equivale no português do Brasil a outra expressão chula: "está cagando para isso". (N.T.)

Apesar do valor de seu gesto inicial, não diria que "a obra" seja propriedade intelectual do reitor, mas de uma cadeia de coautorias que a revelaram e, portanto, proponho uma criação grupal em cadeia com estes interventores: Mockus, que abaixa as calças em sua investidura de reitor; o estudante que o gravou; o noticiário de TV que o exibiu aos telespectadores na mesma noite em que isso ocorreu e, quinze anos depois, o Museu de Arte Moderna (Mambo), que o exibiu 🐷, e a seguir a web e páginas de arte como *Esfera pública*, coordenada por Ricardo Arcos Palma, diretor do Museu da Universidade Nacional, que propõem um debate público (Corpo, academia e mídia). Enfim, estamos diante de uma ação de arte pública na qual intervieram vários autores até se perder o original e, por sua vez, uma cadeia de fatos que foram enriquecendo e transformando em plástica um gesto singular de protesto e de ações políticas que se seguiram. O episódio tomado como modelo para estas reflexões é uma amostra de um comportamento de outros atos de arte pública também concatenados.

E continua. No ano de 2010, Mockus se transforma no primeiro caso de um artista instalador que, usando arte pública e os meios de comunicação para provocar, consegue ser candidato à presidência da República. Para uma nota de imprensa, escrevi isto sobre ele como possível presidente da Colômbia:

Coleção Armando Silva, Bogotá, 2007.

Abre-se um novo panorama: candidatos com mentalidades tradicionais de discursos verbais diante de gestos estéticos com incógnitas emocionantes sobre visões futuras. Mockus, então, encarnou a criança terrível que assusta, mas também atrai, pois abre a incerteza.[37] E esse é o papel da arte de hoje na sociedade. Parece o momento certo para que um programa ético-estético-político se encarne em nome de uma nação.

---

37 A VII Bienal de Berlim de 2012 convidou Mockus, na qualidade de artista, pelos vínculos entre seu fazer estético e sua prática política, como tema geral de ativismo social, sob a curadoria de Artur Muewski e Joanna Warsza.

Street art, arte urbana e contravandalismo no novo milênio:
"Não somos vândalos"

Balões coloridos, *tags* ou assinaturas, estênceis, *stickers* ou selos, e cartazes são novas armas grafiteiras para assaltar os espaços urbanos. Da marca política passa-se à expressão artística, como já se via desde os anos 1980. O vandalismo pode chegar a ser algo permitido, e os grafiteiros, desinteressados em princípio, podem ser chamados a expor em espaços fechados, o que introduz o desejo de sair do subúrbio e instalar-se nas galerias, receber a imprensa, tornar-se famoso e, talvez, abandonar o conflito político em sua própria figuração. Essa invasão de personagens, gestos e sinais ambivalentes de todo tipo toma paredes e muros, metrôs, *outdoors*, parques e cada canto onde seja possível fazer figuras. Os novos artistas urbanos pintam a cidade como se estivesse sempre em obras... Como o que está se fazendo todos os dias. Com ofício e sob alguns desafios.

No dia 23 de maio de 2008, foi inaugurada em Londres a exibição *Street Art Tate Modern*, com seis grafiteiros convidados: Blu, da Itália; o grupo Falle, de Nova York; JR, de Paris; Nunca e os Gêmeos, de São Paulo; e Sixeart, de Barcelona. Convidados para esse espaço sagrado da contemporaneidade artística, eles receberam murais limpos, grandes, de quinze por doze metros, que cobriam a parede em frente ao rio Tâmisa. Seu curador, Cedar Lewisohn, justificou essa participação dizendo que há uma excitante criação de arte de rua, não apenas em Londres, que requer ser comparada.

Assim, o grafite entra para a grande empresa e meca mundial da arte urbana e, deste modo, as criações de rua recebem sua bênção. Esta atitude, seguida por outras instituições museológicas, gera mudanças. De um lado, enlaça os criadores anônimos e, de outro, acentua uma mudança de olhar: a rua vai para o museu e as galerias, repetindo o passado nos anos 1960 com Jean-Michael Basquiat e outros, mas agora com um sentido mais museográfico, não tanto para enaltecer o traço do grafiteiro, mas para observar a relação com uma nova arte social, mais popular, que conquistou o apoio das estreitas galerias, pois se coloca à disposição de um público de massa que circula ou circulou pelo espaço urbano. Essa evolução da *street art* pode ser relacionada com o próprio cidadão jovem que ouve música *pop*, de novo similar ao que aconteceu nos anos 1960, quando as bandas de *rock* produziram os primeiros fenômenos de massa, ao tomar os locais públicos das cidades para cantar e dançar (*breakdance*). Também se relaciona com os anos 1980 ao unir as bandas com as tribos urbanas e ganhar espaço visual para mostrar-se em diferentes modos: jovens de preto amantes da escuridão (góticos), ou sensíveis (*emos*), ou libertários (*punks*) – o que se viu resumido no *Rock no Parque* em sua versão 2009, em Bogotá, convidados pela Orquestra Filarmônica da cidade. Em sua última apresentação com o argentino Fito Páez, a Filarmônica recebeu uma plateia de 120 mil espectadores (Parque Simón Bolívar) com todo tipo de grafites; ali pintaram grafites nas ruas, e cantaram e gritaram em uníssono o *rock* em suas múltiplas variantes (ver M. C. Parias e M. Posada, 2009). Enfim, quero dizer que a arte visual repete o que fizeram as bandas musicais e pretende tomar para si a expressão urbana do espaço público nas cidades: a Tate – e outras – convidaram os grafiteiros para dar conta do fenômeno social. Dizem os artistas no DVD distribuído pela

Tate, intitulado *Media Tate: Painting the City*, em entrevista a Blec Le Ret: "Não somos vândalos, fazemos uma arte social".³⁸

E nesse mesmo feito, transcendental para os envolvidos, há uma contradição, que lanço agora: a arte urbana nas galerias pretende devorar o grafite de rua, pois o educa num estilo, em especial na *street art*, e hierarquiza seu uso. Na verdade, se aceitarmos os argumentos já dados anteriormente, esta arte se avizinha mais da chamada arte urbana do que da que caracterizamos como arte pública. A *street art* compartilha com a arte dos *stickers* o uso de cartazes de papel pintado espalhados nos muros; entretanto, o anonimato – outra das valências do grafite – foi quebrado, pois vários dos "stickerzeiros" colocam como marcas seus próprios nomes, e em especial uma assinatura (como Stinkfish, já citada), a marca pessoal com que um grafiteiro busca ser reconhecido como artista. Com isso, pouco a pouco aflora o desejo de reconhecimento pessoal. Em uma entrevista, Zé, um dos mais ativos grafiteiros da cidade de São Paulo, se lamenta, revelando seu próprio narcisismo de autor: "Em Barcelona, para você ser famoso, considerado e respeitado, basta estar em atividade, pintando. Aqui em São Paulo, é preciso batalhar com outros. Demonstrar muito, e você é apenas meio famoso" (*Diesel*, 1, 2010).

A tendência da *street art* homogeneizou em boa parte seus traços. Nos anos 1970, desenvolveu-se uma escrita cirílica que colocava as iniciais do nome, como este em Porto Alegre, na década de 1970 ✦. Porém, observemos, em Oslo, Noruega, em 2008, que continua o ritmo cirílico usado em russo e outras línguas eslavas ou em grego, mas agora com os *nicknames* dos protagonistas, uma *tag*, com a escrita cifrada de seu próprio nome ✦. Essa homogeneização vê-se nesta série de cidades, captadas por mim também em 2008: em Oslo ✦; em Toronto, Canadá ✦; em Manchester, Reino Unido ✦; em Buenos Aires, Argentina ✦; e em São Paulo ✦, em 2009, que integra o cirílico das pichações, com a figura realista.

---

38 Agradeço a Zenaida Osorio por sua colaboração com material desta exposição.

Coleção Armando
Silva, Porto Alegre,
1979.

Coleção Armando
Silva, Oslo, 2008.

Coleção Armando
Silva, Oslo, 2008.

da arte ao grafite

Coleção Armando Silva, Toronto, 2008.

Coleção Armando Silva, Manchester, 2008.

Coleção Armando Silva, Buenos Aires, 2010.

Valeria Boa Sorte, São Paulo, 2007.

Embora produzidas em cidades de diferentes continentes, se vistas em conjunto, nota-se que seus criadores tomaram um estilo repetitivo de grandes letras no formato de balões, cores primárias e fortes, uso de *spray* e alusão à música de bandas urbanas, especialmente o *rock*. Esta imaginação da *street art*, e da arte urbana em geral, possui várias tendências e fontes de inspiração na própria história da arte moderna, como tento evidenciar na sequência.

A arte urbana e os artistas modernos

Com inspiração direta em artistas urbanos, o grafite em São Paulo (1982), no estilo Andy Warhol (1928-1987), coloca suas sopas de mãos dadas com uma figura do Renascimento italiano ❋, ao que parece. Outras criações entre a década de 1990 e o início do novo milênio seguem a sensibilidade da arte, mas integrando o ambiente, como na foto em que a fotógrafa Laura Silva Abello se preocupa em relacionar um ambiente do lugar com um grafite de fundo, que ironiza a palavra "obediência" (2008) ❋. Em Sevilha, o criador registra a palavra

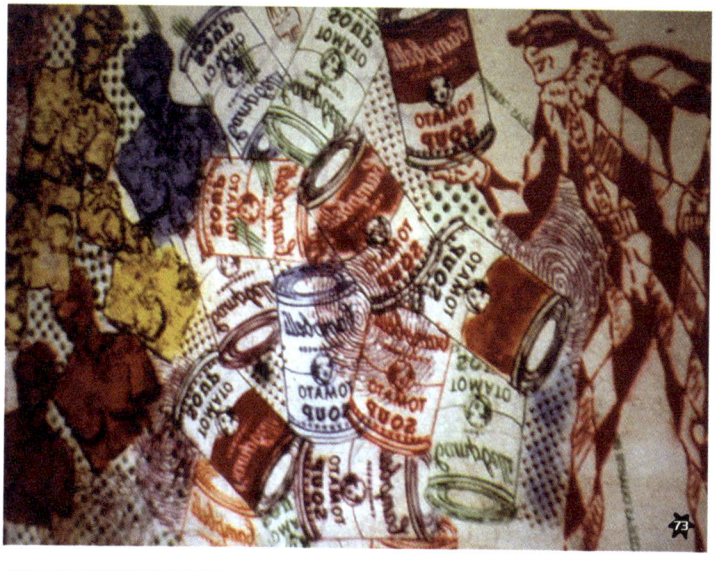

Coleção Armando Silva, São Paulo, 1982.

Laura Silva Abello, Bogotá, 2008.

"liberdade" num cenário urbano, um carro moderno, e faz um intertexto emulando a célebre obra *Liberdade guiando o povo*, de Eugène Delacroix ✿.

Na imagem seguinte, a fotógrafa revela o jogo do autor da obra como arte antropológica, com a identidade dos colombianos, que costumam se personificar coloquialmente com a marca de cigarros *Pielroja*, que na verdade representa mais os

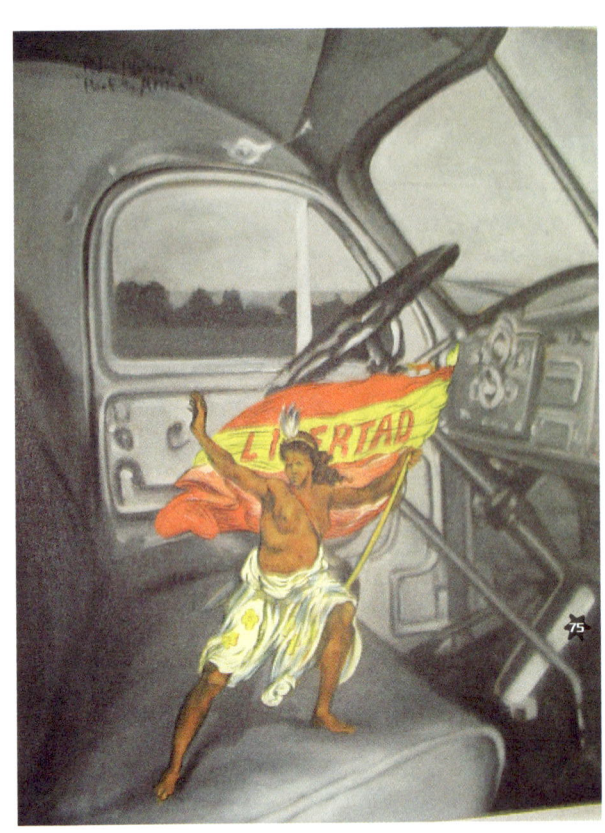

Coleção Joaquín Vázquez, BNV Producciones, Sevilha, 2006.

Madelaida López Restrepo, Bogotá, 2007.

da arte ao grafite

Valeria Boa Sorte, São Paulo, 2007.

Carolina Guzmán, Nova York, 2011.

Bruno Giovannetti, São Paulo, 2009.

índios dos Estados Unidos 🟊. Em São Paulo (2009), destaca-se o valor da textura no grafite, com alusão a Antoni Tàpies (1923-2011), que foi um dos mais importantes expositores do informalismo e usou a referência grafite em suas obras, pela trama deixada pela passagem do tempo nas pinturas sobre muros 🟊. Em Nova York (2011), há uma clara evocação ao "infantilismo" abstrato de Miró (1893-1983) 🟊 e, em São Paulo (2009), aparece diretamente Modigliani (1884-1920), como jogo de instalação fotográfica 🟊. Aqui, torno a insistir na tese que sustento: os grafites urbanos podem ser ressituados em seu sentido por obra do documentarista, que faz com que expressem algo diferente de sua intenção original; outras vezes é a própria urbe, em sua própria dinâmica, que pode criar um grafite ou uma obra de arte urbana, sem requerer um sujeito ator. A foto não deixa dúvida, o documentarista capta um batedor que lembra a arte *pop*, mas o faz introduzindo na cena fotográfica um homem desvalido que perambula pelas ruas de São Paulo (2008) 🟊 , e o que era arte urbana recriada numa tendência modernista (o batedor sozinho) se transforma num tormentoso grafite (o homem jogado na rua) que delata uma dramática injustiça social.

Para continuar esta lista de parentescos entre a arte moderna e o grafite ou a arte urbana, vejamos a foto com que se pode relembrar Malevich (1878-1935), criador do suprematismo e do conceitualismo na Rússia e que impôs uma estética de purismo de formas, como seu quadro *Branco sobre branco* (a parede apenas como quadrado e mancha sem mensagem) 🟊, embora seja possível apreciar uma segunda intervenção sobre a mancha cinza, onde se faz um grafite próprio do desespero diante do silêncio.

Bruno Giovannetti, São Paulo, 2008.

da arte ao grafite

Na foto seguinte, tomo o conceito de instalação, que, embora parta do dadaísmo de Duchamp (1887-1968), se expande por todo o século XX e representa uma crítica ao ilusionismo da pintura para levar a arte para o real, para a realidade diária. Na instalação permite-se ouvir, por parte de quem a visita, como o faz Christian Boltansky (n. 1944) no Museu Santa Rosa, em Puebla, México, onde instalou uma obra em que se ouviam e se recordavam as vozes das meninas que chegaram a esse ex-convento. Precisamente em La Plata, na Argentina (2008), é instalado um tanque como "lança--livros", que evoca a perseguição de que foram objeto sob a ditadura militar, e os cidadãos podem intervir lançando mais livros a favor dos filhos ou netos dos desaparecidos.

Em seguida, vê-se um engenhoso jogo de caricatura onde o grafiteiro, na Universidade Nacional da Colômbia, em Bogotá (2008), se aproxima do conhecido personagem extraterrestre da série norte--americana *Alf*, na insigne Estátua da Liberdade de Nova York. Este gesto reconstrói, em termos de Derrida (1930-2004), filósofo que tanto influenciou os movimentos

Eduardo Urueña, La Plata, Argentina, 2008.

Coleção Armando Silva, Bogotá, 1979.

Laura Silva Abello, Bogotá, 2008.

Natalia Ángel
Barcelona, 2006.

Coleção Armando
Silva, Margarita
Monsalve, Bogotá,
2007.

Natalia Zapata,
La Plata, Argentina,
2008.

de arte pública dos anos 1990, a famosa e mítica Estátua da Liberdade, tornando-a um boneco, um personagem televisivo da série, e a leiloa como ficção para as massas. Caso concreto de uma valorização política a partir da arte urbana.

Com técnica de estêncil, bastante usada desde o final dos anos 1990, apresento a imagem, em Barcelona (2005), em que a garota aparece com a expressividade da arte *pop* ✪, movimento artístico nascido em 1954, quando Lawrence Alloway usou pela primeira vez o termo *Pop Art*, caracterizando-o pela expressividade e volume de suas imagens realistas.

Como arte de intervenções, atuação sobre um objeto preexistente, está a imagem em que a fotógrafa Margarita Monsalve intervém na parede usada por um grafiteiro para criar uma ilusão de prolongamento ✪. Já a documentarista Natalia Zapata, em La Plata, Argentina, fotografa uma escultura cuja boca foi tapada por uma fita preta e a intitula *Por qué no te callas* ✪, célebre frase[39] com que o rei da Espanha mandou, em 2007, o presidente da Venezuela, Hugo Chávez, se calar. Unem-se aqui três fatos: a escultura patriótica, a arte espaço-urbana, do fundador da cidade, Patricio Peralta Ramos; a intervenção de um grafite instalador, colocando um esparadrapo na boca da escultura e, por último, o título dado pela documentarista, que recupera seu poder como grafite em sua intertextualidade. Apreciam-se de novo a criação em cadeia da arte pública e a intervenção dos meios que já descrevi.

Um artista urbano desenha sob pedaços da grama e pendura numa rua de Bogotá, no bairro La Macarena (2002); seu desenho se transforma no rosto de uma *rastra*, personagens pobres e rejeitados das ruas bogotanas ✪.

Em 27 de maio de 2009, o Centro Colombo-Americano de Bogotá convocou diversos grafiteiros e artistas de rua para intervir num muro na parte externa de seu edifício (rua 19 com 3ª), sob o título *Monstruocity*. Afirma seu apresentador, Luis Fernando Medina (Luscus):

---

[39] Proferida em sessão plenária da XVII Cúpula Ibero-Americana, em Santiago do Chile, em 10 de novembro de 2007.

87 Guillermo Santos, Bogotá, 2002.

da arte ao grafite

Coleção Armando Silva, Bogotá, 2009.

Exércitos de zumbis gesticulantes, *freaks* ("loucos") multicoloridos suicidas e donas de casa viciadas em *reality shows* poderão presenciar a contundência da cor sobre o cinza, descobrindo que, embora tentem engaiolá-los, estes monstros têm muito o que mostrar. Estão presentes: Lesivo, Redone, Teck, Juan Camilo Arango, Daedbird, Saint Cat, Mefisto, Luscus, Saga, Ark, Toxicómano, Seta e Zokos.

As obras expostas representam as tendências da arte urbana no sentido da intervenção, a partir da reutilização dos quadrinhos, com muita presença no Brasil, como na imagem em que Mandrake é descoberto como homem-lobo 🟎. Vê-se, em seguida, algo particular, pois o artista e grafiteiro J. Camilo Arango intervém no mesmo grafite de seus colegas, na parte interna do Colombo Americano. Pode-se ver ao fundo os sinais do anterior, a *street art*, e no primeiro plano uma figura feminina que brota de pedaços de muro que o próprio artista recolheu das ruas de Bogotá, onde estavam algumas dessas imagens 🟎.

Do mesmo modo, o Museu de Arte de Bogotá apresentou a exposição *Memória Canalha* (9 de julho de 2009),[40] que consistiu em uma recopilação de vários materiais de rua elaborados por seus protagonistas, ex-membros do grupo Excusado ("sanitário"). Pede-se a descriminalização da *street art*, o que mostra com clareza a passagem de seus integrantes do grafite

---

[40] Grupo vencedor de uma convocatória da Secretaria de Cultura, Recreação e Esportes da cidade de Bogotá.

Juan Camilo Arango, Bogotá, 2009.

Miguel Ángel Rojas, artista, 2008.

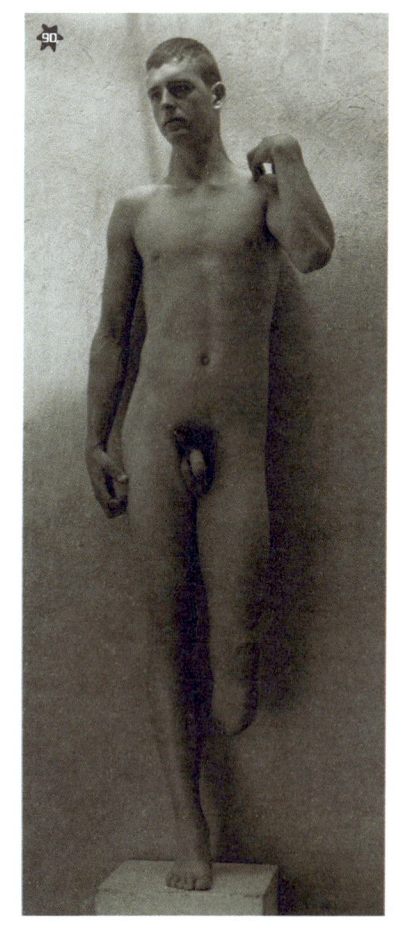

para esta arte de rua que, como as anteriores, é entendida neste estudo como arte urbana. Pelo contrário, dois artistas colombianos que podem ser reconhecidos como interventores dos espaços públicos apresentaram sua obra em galerias ou museus. Miguel Ángel Rojas apresentou sua obra *El camino corto: la hoja de coca y el billete de dólar, el dinero* ("o caminho curto: a folha de coca e a nota de dólar, o dinheiro") no Museu de Arte da Universidade Nacional em Bogotá. Segundo sua curadora, María Belén Sáez de Ibarra, "*El camino corto* é a busca de riqueza fácil, de beleza, poder, felicidade, prazer, da solução dos conflitos sociais, do tratamento da diferença cultural. O atalho para chegar mais rápido". No entanto, a obra de Rojas, além desse caminho, está repleta de espaços urbanos. Tanto suas fotos do Teatro Faenza, no centro de Bogotá, como as soberbas imagens de seu Michelangelo, que, evocando seu homônimo do Renascimento, mostram um belo soldado colombiano, David, que perdeu uma perna 🦋. Esse terceiro Miguel Ángel, o coxo, é talvez uma de suas grandes criações, exposta nas ruínas do Hotel Hilton, em Bogotá (2008):

sempre me pareceu que estava se arrumando para sair à rua, onde está o conflito que o mutilou.

E Nadín Ospina, reconhecido por suas brincadeiras que unem as culturas pré-colombianas e a modernidade, como aquela em que "demonstra" que o personagem da série de animação *Homer Simpson* é tirado da Estatuária de San Agustín, Colômbia, ou quando um dos mais conhecidos super-heróis, o *Superman*, assume a postura do pensador de Rodin [41], confundindo a percepção no espaço urbano, pois não se sabe se é um ou o outro, revelando uma complexa operação de aliança e combate ao poder econômico. E encerro as "intervenções modernistas" com a foto de um estudo do grafite em que seu criador o vê, ao contrário do sentido da *street art*, não na rua, mas num estúdio de arte, a partir de onde se prepara o grafite que será levado para fora, para o espaço urbano.

Nadín Ospina, artista, Medellín, 2009.

Artista anônimo.

41 Com esta obra, venceu o concurso de escultura promovido pelo Banco de Colômbia, sede principal em Medellín, 2009. (Ver entrevista a José Roca, D. Rodríguez, 2012, na qual menciona tanto este artista como Miguel Ángel Rojas.)

terceira parte

nichos

estéticos

Da arte e do grafite aos ambientes urbanos

onstam nesta última parte do livro aqueles projetos ou processos com alguma valorização estética relevante que ocorrem fora ou dentro da arte, limites muitas vezes difíceis de definir na própria contemporaneidade, como já vimos, e sobre os quais é possível predizer as influências desses dois gêneros urbanos, mas que não são feitos, ao menos inicialmente, com a intenção de criar uma obra de arte ou um grafite. Esses "jogos estéticos" irrompem no espaço urbano com alguma originalidade de formas ou com certo impulso criativo, a fim de produzir um efeito no social e, a partir desta experiência, construir alguma coabitação grupal que permita a seus associados (mesmo que sob extrema efemeridade) amparar-se, representar-se ou imaginar-se como coletivo. Desta maneira, pode haver um nicho estético em ações ou práticas que vão da participação em um simples protesto citadino, um desfile ou atos de rua que se dão de modo espontâneo como parte de grupos, tribos ou organizações, ou ainda de propostas arquitetônicas em rebeldia com os cânones acadêmicos, da apropriação de lugares para fins diferentes dos originais, como um jardim que se transforma em galeria de arte, ou diferentes modos de interação na web, fluxo de brincadeiras dentro das redes com algum propósito mordaz, divertido ou com pensamentos provocadores entre comunidades virtuais, construção de arquivos digitais fechados, novos usos de meios analógicos ou digitais ou mesmo a realização de *performances* deliberadas para produzir um efeito dramático nos cidadãos desprevenidos nas ruas das cidades, até o fluxo de imagens tipo Google, produzidas deliberadamente sem edição e que reúnem diversos "prossumidores"[42] que as seguem. Enfim, acredito que viver numa época com menos arte, em seu sentido formal de obra reconhecida, porém com mais estética, no sentido de maior uso de um efeito sensorial e de forma, faz com que, na maioria das vezes e sem que se tome consciência disso, se estabeleçam imaginários estéticos que podem dar testemunho do modo de vida urbano na contemporaneidade.

Sistematizar essas práticas não é fácil e talvez nem seja possível para os fins deste livro, pois se está diante de uma produção sem limites, muitas vezes com fontes desconhecidas e, em vários casos, sem sujeitos identificáveis, já que tratamos de grupos, coletividades, massas de indivíduos sem identidade particular reconhecida ou declarada, usuários anônimos de sistemas digitais ou experiências que são conhecidas apenas por diferentes meios ou em atos físicos isolados, sem importar quem as desencadeou, acentuando-se mais precisamente o novo paradigma de criação coletiva em cadeia e anônima. O que importa aqui é dar testemunho disso e tentar dar uma forma (talvez uma lógica leve) inicial para essa abundante produção de estética social, na qual, às vezes, pode haver facilmente um ato censurável em termos da ética, mas com uma possível valorização estética a ser considerada.

Estetizar para politizar o espaço público

Vista a partir do espaço urbano, conforme concluímos anteriormente, a arte deverá ser executada partindo, então, de

---

42 O termo "prossumidor" começa a ser usado por alguns pesquisadores de culturas contemporâneas para evitar a palavra "consumidor", que se refere muito mais à economia e aos produtos perecíveis de consumo. Denomina um sujeito que é capaz de produzir e consumir ao mesmo tempo, como costuma ocorrer com a produção digital interativa.

outros quatro passos que destaco a seguir e que nos auxiliam na construção dos fins deste livro:

- sair dos espaços tradicionais de exposição, como é o caso das galerias e museus, instituições estas que pela primeira vez veem a necessidade de se transformar em espaços de cruzamento de expressões, incluindo seu uso com a finalidade de divertir – ou, ao menos, como lugar –, onde ganham lugar as indústrias culturais como o cinema, a televisão, o vídeo ou a internet e, algumas vezes, a instalação de cafés e restaurantes, que funcionam mesmo que não haja exibição de arte;
- desenvolver modos de fazer ou de se mostrar sob muitas tendências contemporâneas, como embrulhar objetos, fazer *performances*, intervenções ou, ainda, executar diversos tipos de instalações, conforme se viu na Documenta 11 de 2002, a reconstrução de imaginários coletivos como produção estética de uma cidade exposta não por artistas, mas por pesquisadores sociais: "os imaginários são a última forma de se expressar na arte pública";[43]
- produzir ações políticas dentro da vida cotidiana, o que inclui atuações virtuais, tomando a cultura como a expressão do urbano que deve afetar as cidades para além das zonas físicas;
- desenvolver uma atitude que seja, mais do que de arte, de uma estética social da cotidianidade.

Com efeito, os gêneros urbanos de arte e grafite analisados reivindicam para si, mais do que de um sentido artístico, que também pode estar presente, uma estética da vida social. Nisso há concordância e continuidade com a obra de artistas como Duchamp, um dos mais fortes criadores e teóricos da arte moderna, em seu sentido literal de que o "verdadeiro inimigo da arte é o bom gosto", e Warhol, na potência estética do "realismo" de sua obra urbana. O filósofo Arthur Danto parece estar de acordo com isso ao reivindicar a estética como mais importante na vida que na arte. Para ele, a pós-modernidade

---

43 Nota de Okwui Enwesor para a introdução de meu livro *Urban Imaginaries from Latin America* (2003), com a qual a Documenta 11 firmou minha participação como convidado.

começa com Andy Warhol, ou seja, com o fim do período histórico da arte, pois é nesse momento que "se chega à conclusão de que tudo (na arte) é possível", como de fato ocorre nos movimentos pós-modernos, liberados de estilos, materiais ou técnicas tradicionais. A crítica espanhola Estrella de Diego, destacada especialista em Warhol, o descreve como um "sujeito fraturado que se contempla permanentemente num espelho" e suas latas "não eram 'reais', mas colocadas em cena [...] fantasmas" (de Diego, 1999, p. 98), para relevar a performatividade de sua obra, critério dominante da pós-modernidade, ponto fundante da nova arte pública. Em Duchamp e Warhol encontram-se, portanto, pistas para compreender, a partir da arte, várias emancipações para que ocorra o encontro da arte com o espaço urbano, a saída das galerias ou dos museus e a própria "desmaterialização" da obra, ou, ainda, a reinstalação da arte em novos espaços que não eram destinados a esses fins. Algo ocorre na passagem de um dizer da arte para um mostrar as coisas, em sua crueza ou obviedade, e mesmo no desaparecer com elas para dar relevância aos significados sociais com as intervenções do já existente e produzir as rupturas epistemológicas no pensamento estético contemporâneo.

Se esta arte teve início com o pressuposto de superar a barreira do "dizer", busca de um sublime atual, um dos temas centrais para diferenciar a modernidade, pode-se então contrapor o próprio Duchamp e Malevich. Enquanto Malevich se aproxima do sublime mediante a abstração absoluta em seu *Quadrado branco sobre fundo branco*, Duchamp com seus *ready made* o fez fundindo o conceito e a coisa. Os dois, embora em posições opostas, reiteraram um princípio da lógica do filósofo Wittgenstein em seu postulado de que os "problemas se resolvem não por dar nova informação, mas por ordenar (relacionar?) o que sempre soubemos" (Hacker, 1998, p. 18). Mauricio Vita assinalou que o sublime, termo que se encontra em Kant (e em Freud, cuja fonte kantiana dá lugar ao mecanismo psicológico da sublimação na arte), coloca-se nos artistas mencionados "em dois polos opostos: na abstração absoluta da coisa ou na identificação absoluta da coisa" (M. Vita, D'ars, 142, p. 9). Porém, se o sublime aparece quando se esgota a racionalidade, então a coisa mostrada, por outro lado, se torna ela própria representação, aspecto e estratégia determinante na arte atual.

Depois destes atos fundantes do olhar contemporâneo, advém uma ampla estética relacional, em que a arte se torna mais pública e se torna também inerente propor uma relação entre arte e cidadão, ainda à custa de não apresentar algo, a coisa material, mas evocá-la. Nicolás Bourriaud inicia uma das obras mais mencionadas sobre o tema questionando-se: "De onde provêm os mal-entendidos que cercam a arte dos anos 1990, senão de uma ausência de discurso teórico" (2006, p. 5). Na maioria dos casos da arte atual não se trata de uma obra singular, e sim de um projeto de interações: a percepção se dá por relações que o crítico ou o observador deve descobrir ou até acrescentar por sua própria visão, "a parte mais vital do jogo que se desenvolve no tabuleiro da arte responde a noções interativas, sociais e relacionais" (p. 8). Neste ponto, pode-se associar este gesto da arte com a sociologia do ator-rede de Latour, que em sua busca de reajustar o social propõe o caráter horizontal da rede em três movimentos: localizar o global, redistribuir o local e conectar os espaços. Este último refere-se a "conectar elementos heterogêneos de modo diferente, segundo o ponto de vista adotado" (Latour, Tripier (int.), 2008), o que indica uma disciplina social de relações, que propriamente de interações, com as quais se desenvolveu essa disciplina.

É preciso reconhecer que, junto com o exposto, a arte conceitual, desde o último terço do século XX, trabalha mais com significados do que com formas, cores ou materiais. Por isso, "qualquer coisa, material ou imaterial, pode ser empregada pelo artista a partir do momento em que se reconhece que tanto a forma como a apresentação são apenas veículos para a transmissão da ideia", sustenta Y. Michaud (2007, p. 140). No espaço urbano, a arte conceitual se projeta e atua na arte pública, diferente da mecânica que chamei de arte urbana — pós-grafite ou *street art* —, que compartilha esses espaços mas parece funcionar ao contrário, como festival de formas e cores.

A genericamente chamada arte pública, carregada de intenções políticas, aponta para uma marcação estética da existência, com o que se pode dizer que, junto com o olhar, se dá mais participação aos outros sentidos e, eu diria também, ao percurso, ao processo de construção da obra, mas da mesma forma à construção desta em um contexto urbano sob um princípio ecológico: tocar uma parte da cidade afeta toda a urbe. Talvez isso corresponda, precisamente, à perda dos valores estáveis, à mundialização da economia com seus estragos sociais, ao corporativismo, às incapacidades para transformar o globo para o bem das maiorias. Oposição radical, então, entre a cidade global do comércio e a cidade pública dos cidadãos; é esta última a que nutre a base da arte pública, que, ao entrar mais no jogo da busca dos significados que a obra material, precipita um encontro da estética com os entornos da vida, das cidades, dos meios, das tecnologias, até chegar a deduzir que fica "o artista no lugar da obra",[44] ainda quando talvez seja melhor dizer que permanece não tanto o artista, mas uma nova rota demarcada, com novos signos de leitura, que lança uma nova tomada de consciência urbana. Se o poder estabelece, como diz Luis Navarro, "que as coisas são assim", os nichos estéticos podem propor, algumas vezes, outra forma de ver, e daí, outra forma de pensar e, em consequência, de atuar. Estas maneiras estéticas, que crescem de modo paralelo à arte pública, propõem várias pontes, não lineares, em rede, nas relações entre imagens e cidadania.

No entanto, que tipo de rede? P. Sloterdijk (2008, p. 77) nos faz pensar num substituto ou numa emenda ao sentido *hard* de rede, que não engloba essas outras associações, leves, quase

---

44 Segundo discussão da Associação Internacional de Críticos de Arte, em encontro celebrado em Moscou em 1994, sobre o tema "O salto no vazio", resenhado em *Temas*, 2004.

gasosas de sujeitos e coletivos de hoje, e propõe que sejam chamadas de espumas. Não obstante, haveria uma denominação mais de acordo com o que é *soft*, leve, quase transparente, mas que cria em todo caso uma forma, não tão espumosa mas sim volátil, como uma "bolha"; ou seja, trata-se de uma rede leve, em forma de cápsula, quase transparente, pois encapsula por algum breve momento ou circunstância algo, um protesto, uma ação de rua, um cruzamento de *twitters*, para alguma causa que desencadeia repetições e ações. No fim das contas, trata-se de construção e apego momentâneo de rápidas formas coletivas de subjetividade; a busca de uma cidadania participante, já que o conceito de espaço público contém, é verdade, um paradoxo: "não está simplesmente disponível e, portanto, a relação com esse espaço tem o sentido de uma *recuperação*", como indicou Sergio Rojas (2008). Fazer acontecer, no plano da representação estética, a falta de representação política e, assim, tornar evidente a relação entre estética e política, não do presente e sim, concretamente, contra o poder em todas as suas variáveis, e pela obtenção de conquistas democráticas.

Nesse contexto, surge este novo panorama inserido em cenários alternativos ou de choque, de músicas juvenis, desfiles, provocações de rua, bandos, tribos, grupos, tatuagens corporais, arquiteturas explosivas, reinstalação de novos espaços de arte e, enfim, descentralização e emancipação dos espaços de poder por novos ritos urbanos. Aparecem também em vários projetos institucionais que de fato não entram em conflito com o poder, mas podem impactar o espaço urbano ao usar estratégias estéticas que não vão simplesmente satisfazer um interesse publicitário ou mercantil, casos em que ainda entrariam em nossa perspectiva de nicho estético, porém de projeção precária do grafite pobre, como já dissemos antes. Iniciemos por estas entradas suaves.

Dramatizar as ruas: "dramatic surprise" nas ruas da Bélgica

Para começar, vejamos um vídeo que promove a alta qualidade de canais de TV na TNT na Bélgica, que circula pela web. Seus criadores puseram um grande botão vermelho para qualquer cidadão curioso apertar numa "rua onde não acontece nada", numa cidade flamenga comum, com indicado por uma placa em forma de seta, onde estava escrito "pressione para acrescentar drama". Desse modo começa a ação de rua, que pode ser vista pela internet no YouTube.

O impacto citadino dos vizinhos é grande, em especial porque não se sabe se o que ocorreu ali – chega uma ambulância de urgência, que recolhe um paciente caído, ocorre outro acidente e na sequência a reação de vários grupos que terminam usando armas, num enfrentamento, ao que parece, pelo paciente, que talvez fosse algum célebre personagem em custódia – é realidade ou ficção, montagem ou drama mentiroso. Este poderia ser um bom exemplo de um impulso evidente para a dramatização de rua, mas também de estetização do espaço urbano. Termina com um anúncio meramente publicitário e sai do âmbito do nicho, porém a dramaticidade alcançada e a possibilidade de levar à tomada de consciência sobre o que "acontece numa rua" e das coisas que ali podem ocorrer outorgam um nível de desconstrutivismo urbano que o aproxima do nicho de que falamos, e o faz participar de uma familiaridade com o pós-grafite. Na medida em que o consumo é cada vez mais determinado pelas emoções, o que nos aproxima do campo dos instintos e sentimentos, os nichos de origem comercial buscam envolver-nos num impulso, num desejo de satisfação.

Se voltarmos ao argumento do capítulo anterior, poderemos deduzir, quanto à sobrevivência dos três gêneros mais sólidos de expressão no espaço público, o grafite, a arte urbana e a arte pública, que nem todos participam em todas as circunstâncias da rebeldia social e nem sequer da estética. Contudo, a qualificação do grafite pode privilegiá-lo nessa intencionalidade rebelde e desafiadora do existente. A arte urbana, por sua vez, entendida como pós-grafite, poderá ser qualificada de acordo com as circunstâncias de enunciação de suas figuras, como examinei na *street art* já mencionada; sua produção tende a ser mais assimilada pela arte e até por uma arte trivial de adorno dos muros das cidades, enquanto a arte pública, que trabalha mais com significados sociais, herdeira que é da arte conceitual, costuma obter importantes resultados em qualidade de nichos em sua relação com os cidadãos, desde que seu projeto de pesquisa – e nisso fica muito próxima a filosofia, semiótica, antropologia simbólica e outras disciplinas sociais – aprofunde nesta arqueologia citadina até o ponto que o conduza a efeitos relevantes na reconstrução das memórias sociais. Daí se desprende a necessidade de gerar novas propostas no espaço público, que não sejam assumidas no cotidiano regular e mantenham-se como manifestação *underground*.

Existe nessa arte ou grafite qualificado do espaço público um aspecto de violação da ordem, de transpassar certos limites, de caminhar pelo proibido (Silva, 1987), que exige a manutenção de condutas rebeldes por parte dos criadores e o que, psicologicamente, implica uma satisfação abjeta, o gozo de colocar-se contra o instituído. Um grafite autorizado, em que a própria instituição oferece elementos para sua realização ou determina o espaço para fazê-lo, ou mesmo financia uma obra, gera o ingresso da marca, neste caso, em outros circuitos expressivos e o desqualifica enquanto inscrição grafite; torna-se parte de uma propaganda institucional ou simplesmente de uma exposição de arte. E isso é o que ocorre com outras ações criativas no espaço público, que, ao que parece, devem contemplar como sua a ação contra uma ordem estabelecida a que se opõem; o sublevam não para destruí-lo, como se pensava na esquerda revolucionária e contestatária (muitas vezes de vocação militarista e militante), mas para fazer extensiva sua inconformidade a algumas maiorias populares e obter assim uma mancomunada ampliação das democracias participativas. Essa é, em última instância, a valorização política das novas estéticas urbanas que se batem pela inclusão citadina.

A esta participação dos cidadãos nos destinos de sua urbe e ao mascaramento de suas práticas para pensar de outro modo sua cooperação com o destino coletivo denominei "urbanismos citadinos". Constitui a base do funcionamento dos imaginários urbanos e às vezes, onde se dê uma força grupal sublevada, também aponta para mudanças na sociedade presente a partir de uma estética coletiva, da qual o grupo não é necessariamente consciente. Os estudos de imaginários, precisamente,[45] contribuem para a criação de estados de autorreconhecimentos grupais e processos identitários. Examino a seguir um caso concreto no qual, num processo de intervenções a partir de galerias e meios, e de opiniões citadinas, se constrói um ato de arte pública que se encapsula num nicho de iniciados na arte; este, por sua vez, deixa ver os imaginários de alguns artistas sobre a "missão política" que os impulsiona. Já não se trata de dramatizar a rua, como no exemplo belga, mas sim de dramatizar o saber, numa cadeia imprevista de associações ocorridas em Bogotá.

---

45 Meu livro recente, *Imaginario: el asombro social* (Silva, 2013; ed. bras. no prelo), transita por esta dupla via de construir uma base teórica para o conceito que se disseminou de modo contundente no uso diário do termo a fim de definir sua extensão como conceito e, por sua vez, examinar estratégias de ação grupal a partir da perspectiva de que um grupo seja consciente da construção de suas representações coletivas.

Arte pública e cleptomania: a carta roubada em Bogotá

Edgar Allan Poe (1809-1949), que tem em "Carta roubada" um de seus mais comentados contos, foi seguido por Arthur Conan Doyle e Agatha Christie, com quem termina por estruturar o gênero policial. Nesse conto, uma carta enviada à rainha e colocada sobre uma mesa é escondida por ela do olhar do rei, ação que é vista por um ministro, que a substitui por outra, deixando em compromisso de segredo e cumplicidade obrigada a aturdida rainha. Porém, o famoso detetive Auguste Rupin, na investigação do caso, e como estratégia para revelar a verdade, apanha a carta da casa do ministro e deixa outra no lugar da roubada original. A história, enfim, consiste nas revelações feitas pelo detetive sobre a misteriosa missiva.

Esse conto faiscante, escrito com uma simples intenção policial, adquire revelações psíquicas quando figuras como o psicanalista J. Lacan (1901-1981) o retoma num de seus *Seminários* (Lacan, 1956) para examinar as relações de todo significante, a carta, com o inconsciente, com independência de seu conteúdo, como um mecanismo de repetição, desenvolvido antes por Freud (1856-1939). Compareçem então três olhares sobre o mesmo objeto, a carta. Um olhar que não vê nada apesar de estar na cena: o rei; um segundo olhar que vê que o primeiro nada vê e se engana acreditando ver coberto o que esconde: a rainha; e um terceiro olhar daqueles que veem a outra ou o outro escondê-la e querem apoderar-se dela: o ministro e o detetive (Lacan, 1976, p. 15). Há deslocamentos sobre o mesmo objeto que, se infere, seja a intersubjetividade dos seres humanos, onde o real e a fantasia se esfumam em sua difícil interpretação e a simulação participa fazendo crer algo. "Por que você está mentindo para mim", reclama um dos personagens de Poe, "dizendo que vai para a Cracóvia para que eu creia que você vai para Lemberg, quando na verdade é para a Cracóvia que você vai?". Isto seria, sem dúvida, o ponto mais alto que pode alcançar o ilusionista: fazer com que um ser de sua ficção nos engane verdadeiramente, sentencia Lacan (1976, p. 21). Em outras palavras, que nos faça crer que seu engano não é senão um fato real ocorrido. E este é também o ponto da produção imaginária na sociedade, onde cremos em valores ou em percepções que damos por reais sem que necessariamente tenham como fonte um evento empírico comprovável.

Assim, pela repetição, que é repetição simbólica, mostra-se que a ordem do símbolo não é constituída pelo ser humano, mas que é este que a constitui. E essa é a verdade estratégica da arte: atingir essa ordem valendo-se de seus instrumentos estéticos. Estes, na contemporaneidade, sociedades do conhecimento, atuam cada vez mais a partir do simbólico que do material.

Com base no que foi dito, podemos refletir sobre um caso que despertou interesse midiático em Bogotá e no qual há vários protagonistas: uma artista reconhecida que evoca a vítima da pobreza na Colômbia como seu permanente objeto de inspiração; um artista jovem, confabulador, que acredita e imagina que ele, sim, trabalha com a vítima e não com representações dos pobres; a mídia, a imprensa, as revistas e a TV, que encontram neste engano algo apetitoso para circular publicamente; além de páginas especializadas em arte na Colômbia que seguem o debate, mais os cidadãos que participam.

A artista Beatriz González editou uma página em branco no jornal (El Tiempo, maio de 2008) para que cada um pudesse intervir como quisesse em sua obra Ondas del Rancho Grande, cujo tema era uma líder popular, Yolanda Izquierdo, que morreu assassinada em sua luta pela defesa da comunidade. A seguir, no ano de 2009, a artista preparou uma exposição sobre o mesmo tema da violência nacional, deslocamentos e lutas populares, e por esses dias recebeu uma carta, deixada por seu remetente (uma suposta lavadeira que dizia conhecer sua obra e pedia para ser ouvida) na porta da Galeria Alonso Garcés, onde iria expor. A carta, na verdade, foi escrita de punho e letra por uma autêntica lavadeira, a quem foi ditada; escrita com traços de uma pessoa quase iletrada, começava dizendo que tinha informação de primeira mão da líder Izquierdo assassinada. Fazia muitos reconhecimentos à obra de González, entre outros, que algumas de suas personagens pictóricas parecem de verdade com seus amigos e amigas, e que sabia do valor econômico de uma obra de González, e que por isso, aliás, nunca teria uma. Na missiva, descrevia a violência da qual era vítima e aclamava a artista como defensora de pessoas como ela através de sua arte. González acreditou – ou ao menos simulou acreditar – na veracidade da carta e, num arrebato de emoção, ao saber-se vista e reconhecida pelos reais setores populares, mudou o sentido de sua exposição na Galeria Garcés (maio-junho de 2009) intitulada "A carta furtiva" e a dedicou a essa humilde lavadeira anônima que tinha confessado conhecer e reconhecer sua obra. Sentiu, talvez, ter rompido as barreiras e estar de verdade diante de um público autêntico, que ela em suas evocações tinha perseguido ao longo de toda a sua obra artística. Porém, terminada a exposição de González – com muito sucesso, diga-se, pois vendeu todas as obras expostas –, soube-se a verdade do remetente da missiva: não se tratava de uma humilde trabalhadora, mas de um arquiteto que convenceu a vendedora e que ditou a carta a uma pessoa anônima e verdadeiramente modesta, usando a linguagem popular nacional, em resposta aos pedidos que a própria González fizera para que interviessem em sua obra sobre a líder Izquierdo. Uma documentação sobre as passagens deste incidente, que se tornou em si mesmo uma obra de arte pública, encontra-se na internet em *Esfera Pública*.

Sobre esse assunto, expressaram-se vários dos principais seguidores que mantêm o debate vivo nessa página da web, todos também artistas ou críticos de arte. Além disso, o tema, ou incidente, foi motivo de discussão para os meios de comunicação: os jornais (*El Tiempo*, *El Espectador*), as revistas (*Número*, *Semana*), o rádio (*DobleW*) e os cidadãos comuns motivados pela obra. Toda essa informação está organizada no *site Esfera pública*.

A trama se ajusta ao conto da carta roubada e aborda os elementos policialescos de Poe, os psicanalíticos de Lacan e até os semióticos de Barthes (1915-1980), para quem o êxito da análise estrutural é sua capacidade de associação dos códigos que se manifestam na leitura do texto, e ainda põe mais lenha na fogueira ao referir-se à carta roubada. "No caso de nosso conto (o de Poe), não nos é revelado o conteúdo da carta, mas é possível inferir que comprometeria a relação da rainha com seu rei, talvez a de um amante ou uma carta de amor" (Barthes, 1990, p. 12). Revisemos os passos.

A artista acredita ter encontrado seu real (referente) destinatário, o povo sofrido, representado por uma lavadeira; o impostor, em sua carta ditada à lavadeira, não só substitui o povo como também acredita que o representa, pois não faz discursos ou representações, mas "coisas reais": de fato, monta uma casa fictícia, modelo de lavadeiras, na própria praça de Bolívar de Bogotá, retirada de uma zona pobre, Ciudad Bolívar, e afirma aos meios de comunicação (*Semana* 1419) que viveu por cinco anos nesse lugar, seguindo de verdade (e com sacrifício) seus humildes habitantes. Porém, como o real, enquanto coisa certa, "não existe" senão quando se manifesta em suas representações, então tanto um como outro vivem da ilusão de "apropriação do real".

Os detetives da história estão representados pelos críticos que buscam com afã a verdade; porém, nessa busca, conseguem exaltar o fato, dotá-lo de conflito público e acabam por ser parte estrutural do fato estético. Nesse caminho, a mídia faz sua parte e dá caráter de espetáculo ao "acontecimento", levando-o ao grande público que se deleita por conseguir compreender, mesmo que seja só um pouco, essas coisas exóticas dos iniciados na arte contemporânea.

E, afinal, do que se trata? Diria que se desenvolveu um jogo de simulações e substituições de tipo pós-moderno, onde cada ator assume não simular, mas estar no certo, no real. É parte da miragem de um "verdadeiro realismo". A rainha, neste caso a artista Beatriz González, esconde do rei a carta, por acreditar que vem de seu amante desejado, o povo, mas o ministro, neste caso quem a substituiu, Simon Hosie, vê, ou pensa que viu, o que a rainha esconde do rei e rouba a carta. Porém, Rupin, o detetive, neste caso os críticos, roubam por sua vez a carta do substituidor, reescrevendo-a com novas leituras para revelar na substituidora um vil ladrão oportunista (pois quis se servir da fama da consagrada artista) que quis ser o rei, roubando o patrimônio original da criadora, e tomar para si o papel de verdadeiro porta-voz do povo, não na arte, mas na arquitetura, numa engenhosa operação de cleptomania artística e intelectual. Surgem então as mídias para se divertir com o acontecimento: neste caso substituir não a carta, mas seu possível conteúdo proibido, o amante secreto da rainha. Em conjunto, o prato se transformou numa deliciosa criação pública, com revelações suficientes para se aprender com elas. Há uma questão especial que interessa à minha argumentação: como o cidadão se apropria dos assuntos públicos, agindo não só de corpo presente, mas também em operações mais abstratas relacionadas com simbolismos culturais.

AtmoSFeras urbanas e aSSombro cotIDIano

O mundo se urbaniza e, mesmo por fora das zonas urbanas, este urbanismo exerce seu domínio sobre as demais espécies, o que pode ser o sentido civilizador do planeta. Liberdade é então, como sustenta Sloterdijk (2008, p. 78), entrar em outro clima. Se as plantas tivessem ficado "plantadas" em sua origem, não teriam os problemas de migração que enfrentaram para sobreviver em outro ambiente. Isto é certamente a origem do "meio ambiente", um dos conceitos mais definitórios das culturas modernas. Mas é justo o ambiente urbano que impõe seu domínio sobre os demais, sejam rurais, marítimos etc., pois, por sua natureza, intervém em tudo. Embora a discussão sobre o fato de que viver numa cidade, desde quando Aristóteles pensa na *polis*, assume-se que nos faz "viver como (bons) vizinhos", para o que deporemos ódio ou nojo em prol de ganhar o objetivo da convivência, na contemporaneidade a vizinhança se estende a outros novos espaços como os virtuais, cidade do ar, inclusive fora da urbe delimitada num espaço físico. Ou seja, os meios ou as tecnologias nos fazem ser "novos vizinhos" e o sentido da *polis* deverá ser visto não só da perspectiva espacial, mas temporalmente, o que inclui as subjetividades citadinas, que nos novos estudos da geografia do simbólico se denominam as microterritorialidades.[46] Dife-

---

[46] Ver a ampla bibliografia dos pesquisadores da Unesp acerca da cidade de Presidente Prudente, no interior do Estado de São Paulo, com grupos de Estudos Urbanos, editores da revista *Cidades*, Encarnação Beltrão (ed.) e vários textos sobre o tema, como "As cidades e o urbano: uma busca conceitual", 2 (10), 2009.

rentes meios contribuíram para a consolidação da democracia das cidades e, se citarmos a escrita como algo superior, pois "seus signos compartilhados nos conduzem a uma espacialização dos entornos", não podemos deixar de reconhecer explicitamente outros meios que cumprem fins similares, como a fotografia, que nos faz imaginar visualmente a cidade e vivê-la como nos é mostrada; ou o cinema, que nos propõe a cidade em ação, em mobilidade; ou a internet, que nos posiciona em redes digitais de interação contínua; assim, cada meio chega para nos fazer viver, ver e sentir a cidade de uma ou outra forma.

Existe uma lógica de continuidades entre tecnologias, cidade, democracias e poder. Se democracia é "a capacidade de espacializar o significado de tudo o que se disse, ou seja, uma teoria da sincronização" (Sloterdijk, 2008, p. 80), então torna-se explícita a relação entre pensamento, deliberação pública e ações espacializadoras; em outras palavras, os efeitos do pensamento sobre as coisas. Deste modo, o que constitui o espaço democrático não serão por si os meios, mas a *isotemia*: "impedir que os associados urbanos cometam ações demasiadamente unilaterais". A democracia constrange seus associados a viver um bem comum, e tanto a cidade como a linguagem podem ser as melhores maneiras de se conceber a construção dessas coletividades em ação permanente. Mas a democracia é parte da luta pública e do poder. "Crise" e "economia" não são usadas atualmente como conceitos, "senão como palavras de ordem" que servem para impor e para fazer que se aceitem medidas e restrições que as pessoas não teriam de aceitar. "Crise" hoje em dia significa simplesmente "você deve obedecer!", como lembra F. Agamben (*Ragusa News*, 2012). Há modos de expressar e de explicitar o poder que constrangem, há estratégias para tornar públicas essas figurações que contribuem para o ser comum, assunto que é de nosso interesse central, já que é nessas operações que buscamos conceber as atmosferas dos entornos citadinos, as mais das vezes captadas em imagens visuais. Examinemos diferentes situações que constroem este urbanismo citadino: corpos imaginados, nichos e artes digitais.

Corpos imaginados e digitais em atmosferas urbanas: o Homem-Aranha[47]

Sobre os corpos reais dos cidadãos, projetam-se outros corpos imaginados que podem definir ações e modos de ser dentro de uma urbe, o que gostaria de ver em relação com a dramatização da rua e de espaços urbanos, mas agora a partir de ações mais de ordem imaginária. Esses corpos são feitos de sentimentos coletivos, ganham forma ao redor de um mesmo objeto de desejo, que compartilham, e criam ficções grupais que afetam sua percepção até poder chegar a dominar modos de ver em suas vizinhanças urbanas.

A produção desses imaginários se dá dentro de um modelo gerativo que marca o aparecimento do fantasma urbano em certas condições de domínio de alta subjetividade social, nas quais cedem as evidências realistas e ganham as manifestações de contágio emotivo. As origens de tais acontecimentos sociais são múltiplas, já que representam a vida em todas as suas formas de ser, mesmo quando se pode explicitar que os imaginários aumentam ou reduzem seu poder de expressão como criadores de visões de mundo grupais, dependendo das consequências históricas, mas também do impacto de outras fontes como a literatura e a arte, a mídia, a publicidade ou até da divulgação de descoberta da ciência, e por efeitos da tecnologia em si, que marca de modo extraordinário, em vários períodos, uma produção imaginária *sui generis*. Por isso, os imaginários nascidos da ficção criam ambientes

---

[47] Retomo aqui meu ensaio publicado na revista *Metropolis* (2011), a pedido da crítica Estrella de Diego, no caderno central sobre "corpo em público", que incluiu o meu, o qual modifiquei e adaptei conforme os interesses do presente livro.

vivenciais, temores ou ansiedades, por enunciar alguns sentimentos desesperadores que podem ser exaltados, a exemplo daqueles que desencadearam filmes como *Tubarão* (dirigido por Spielberg, 1975), que esvaziou praias na vida real, por medo que nelas aparecessem monstros marinhos imaginados. Será isso muito diferente, como procedimento social, das visões que desencadeiam outros artefatos impulsionadores de imaginários sociais (com outras tecnologias) com um telejornal ao vivo, quando mostra um ato de terror verdadeiro, como a derrubada das Torres Gêmeas em Nova York, com que os cidadãos acreditam que estão sendo informados, sem negar que essa informação também provoque no espectador que veja resíduos desses atos criminosos repetidos em muitas situações de sua própria experiência urbana, sem que sejam verdade. Esta alta sensibilidade social a tudo o que possa significar perda ou mudanças radicais no cotidiano torna as situações imaginárias um objeto propício a todo tipo de intervenções e, até mesmo, manipulações, tanto para o *marketing* de consumo, o turismo ou o planejamento urbano, como, é claro, para satisfazer interesses políticos, instância superior da manipulação de certos imaginários para buscar o controle da vida social, invocando imagens de bem-estar do futuro.

Deste modo, como se refletirá nesta última parte do livro, criam-se atmosferas urbanas, com base nas redes de imagens e símbolos que não recaem somente sobre os objetos materiais, mas que abrangem as reações dos sujeitos a eles e que, além de instituírem distinções, valores, afetam condutas coletivas, formam um campo onde se articulam as imagens, as ideias e as ações, criando "um esquema coletivo de interpelação de experiências", como assinalam vários autores (Berger e Luckman apud Baczko, p. 29). Há, no entanto, algo mais a destacar: essa apreciação descrita do dispositivo imaginário, que faria defini-lo como uma epistemologia de condutas citadinas, deve ampliar-se para uma concepção mais dinâmica, na qual não só se instituam os saberes, sua ancoragem nas tradições e na história, mas também os possíveis modos de se gerar, no presente, condutas vicinais, movidas por afetos e sentimentos, por impulsos de gosto que dão forma a condutas baseadas em uma estética social e que podem "graficar-se" em alguma forma de nicho.

Toda produção imaginária significa, então, um deslocamento e uma revalorização como imagem na percepção, o que aumenta sua potência visual e, portanto, representa algo que não é o próprio objeto, e sim suas encarnações. Numa ocasião, num debate em Barcelona,[48] alguém me perguntou: "Se os imaginários são invisíveis, pois correspondem a sentimentos sociais, como mostrá-los, como tornar visível a angústia diante do medo, além de como uma circunstância psíquica que se compartilha com outros?". Pois a resposta seria esta: o medo, como imaginário, adquire representação visual quando sai das pessoas como indivíduos, se desloca e se incorpora socialmente (Silva, 2013), ou seja, quando toma corpo público num objeto, encarnando-o; por exemplo, um edifício coberto de grades, como o Edifício Tamayo, em Caracas ✿. Há um deslocamento de um objeto real, o edifício, para um objeto de emoção, um sentimento coletivo que levou seus moradores a construírem barras para defender-se de possíveis ataques a sua propriedade, que preveem em sua visão comunal, fazendo do medo um nicho de proteção nas grades. Mas a ficção continua, e desse mesmo edifício de Caracas nasceu uma lenda urbana que se espalhou por toda a cidade: o Homem-Aranha. Com isso, os cidadãos dão nome e imagem a algo que passou a assombrá-los: não bastava colocar grades no primeiro andar para resguardar-se, pois o ladrão imaginado as utilizaria como escada para subir ao segundo andar e descer por ali seu butim, e assim sucessivamente, até que tiveram de gradear todos os 32 andares. Como se vê, o Homem-Aranha, que se originou no cinema e nos quadrinhos

---

48 Fundação Antoni Tàpies, 2007, debate sobre arquitetura e cidade, intervenção do professor Manuel Delgado.

nichos estéticos

183

Gerardo Rojas,
Caracas, 2008.

resguardando o bem comum, se incorporou num corpo imaginado numa cidade real, cumprindo uma missão oposta, a de ser o nome do mal e do mal-estar social. Diferentes deslocamentos que conduzem no fim a um estado anímico de alguns cidadãos, que inventam respostas urbanas para si mesmos, originaram um nicho estético com formas e lógicas citadinas expostas no espaço público; as grades se transformam num código visual de agrupamento entre vizinhos para designar perigo, demandando uma ação cooperativa entre todos. Então, os "imaginários que urbanizam" podem ser previstos como o desencadeamento de afetos e seus deslocamentos em objetos, e isto ocorre não sobre as coisas reais, mas em suas fantasmagorias aderidas e por isto os fantasmas urbanos significam os imaginários sociais. Embora os imaginários sejam invisíveis, podem ser observados, como dissemos, na "incorporação de sentimentos" que sustenta o paradigma da "cidade imaginada": essa onde coabitam os fantasmas urbanos e a partir da qual os cidadãos vivem suas cidades reais. Isso é arte ou imaginário urbano?

De novo, retornaríamos às ações da arte, da comunicação e da cultura. Será que a arte reserva para si o difícil, o inexprimível, o que toca o pensamento como atividade abstrata antes que a cultura, como lugar onde se expressa o que convivemos? Se a arte é em boa medida o não comunicável, será a comunicação o contrário? Em *Arte y liminaridad* (2008), buscam-se esses espaços liminares nos quais modos de arte aparecem ou desaparecem, tornando-se mais atos de comunicação, como o caso do cinema, das telenovelas e de outros produtos dos meios. A liminaridade seria "uma zona onde as demarcações de gênero e origem se tornam borradas" (F. Albalo, 2008, p. 10), como uma estrutura em trânsito, ou como o momento em que o que não é arte – como dissemos do exemplo do professor que abaixa as calças diante de um público universitário e é gravado por um estudante e transmitido pela TV –, torna-se arte de intervenção, desencadeando imaginários urbanos de mudança, como nesse exemplo, em que o professor é logo depois nomeado prefeito da cidade.

Para outros pesquisadores, a comunicação da mídia, talvez mais a dos meios tradicionais, é uma ação na qual "o sentido se encapsula", pelo que emprega a linguagem simples, como uma telenovela, que todos entendem e que desejam que continue a trama, um desejo agitado por roteiros bastante previsíveis e até repetitivos. A arte, por sua vez, "não é veloz porque sua presença é a de um objeto único" (J. Becerra, 2008, p. 46), o que dá um tempo não de consumo, mas de reflexão, de dúvida, de pensar. A comunicação estaria inscrita na cultura e na arte e no pensamento. Porém, por esta via, filmes complexos que fazem pensar, como os de David Lynch, ficariam "fora da cultura"? Pergunta oportuna que não tem resposta no autor citado. Contudo, é verdade, sabemos que uma obra de F. Bacon é arte ou que os filmes de Lynch são difíceis, nos fazem pensar com formas virulentas que nos remetem à dor, à angústia, à contorção gestual como contorção da mente. Entretanto, por outro lado, se partimos de que a arte deve produzir "uma obra única", deixamos de fora a reprodução mecânica, pois nela a obra de arte perde sua unicidade, como já explicou W. Benjamin. E o que dizer hoje diante do digital, quando nem sequer existem um original e uma cópia, pois todos os produtos são originais ou todos são cópias? Talvez seja possível pensar que a arte pública se deslocou para a estética e que por fora esse objeto se estabelece ou se legitima nas relações nos gestos e nas ações, o que se pode deduzir na já reconhecida afirmação de Y. Michaud, que recolhe o questionamento de Danto de que já não vale a pena se perguntar "o que é arte", e sim "quando há arte" (Y. Michaud, 2007, p. 93). Não há uma essência de um objeto-arte, mas "uma essência histórica que depende das transformações sociais e das descobertas tecnológicas", o que faz disto ou daquilo um reconhecer como arte.

O cinema, descrito por Benjamin como a grande arte da modernidade, traz consigo um sentido político como objeto popular que pode atingir a muitos e de maneira simultânea. Contudo, não aconteceria a mesma coisa com o vídeo digital, que consegue no tempo real mostrar o que a câmera está captando e, como mostrarei adiante, nos "olhos do Google", na câmera sem edição, que recolhe imagens desalinhavadas do que vai acontecendo... A afirmação de que o cinema ou o vídeo caminham pelo "autêntico" em sua tentativa de captar o real também vale, e com mais veracidade, para a criação digital.

Em discussão sobre a maçã, a real e a digital, recordava as palavras de Bernard Shaw: "Se você tem uma maçã e eu outra, e as trocarmos, continuaremos tendo uma maçã cada um. Porém, se você tiver uma ideia e eu tiver outra, e as trocarmos, cada um de nós terá duas ideias".[49] O problema é que hoje a maçã por excelência é a Apple, a empresa fabricante de computadores e de *design* de sistemas digitais mais poderosa do mundo, mas essa não é comestível, pelo menos não pela boca. Corresponde a uma fábrica de interações e pensamentos coletivos produzidos na rede mundial, e sem os quais parece que não podemos viver, como se evidenciou no debate de 2012 pelas contundentes reações mundiais depois das tentativas do Congresso dos Estados Unidos de frear todo tipo de pirataria ou falsificações de marcas. Coloca-se novamente sobre o tapete a ideia do falso e do verdadeiro. Por exemplo, se baixamos do YouTube um vídeo caseiro, no qual alguém canta uma música para festejar o aniversário da namorada, sem pagarmos direitos, seria pirataria.

Talvez, com a rede, vivamos dias da arte do falso pervertendo o autêntico. Passaríamos do *Homo faber*, afirma Eloy Fernández (2008), que fabrica coisas com as mãos, a um *Homo faker* (do inglês *fake*, cada volta formada por um cabo enrolado), o homem que cria como um bom falsificador, uma espécie de "esteta do inautêntico": esse navegante que recorta, redesenha,

---

49 Este aparte sobre o falso foi publicado em minha coluna de opinião no dia 28 de janeiro de 2012, no jornal El Tiempo.

subtitula, acrescenta, retira ou inventa e fabula. A web é feita dos pensamentos de todos; já se disse que era uma inteligência coletiva; agora, devido à maior presença de imagens e sons reelaborados criativamente, pode-se dizer que desenhamos uma estética coletiva. E, deste modo, os nichos digitais afloram com toda a sua potência. Estamos, então, diante de um novo paradigma urbano. Uma nova cidade do ar cresceu, constituindo novos espaços públicos por onde transitam os sujeitos e onde não nos movemos, ou melhor, nos movemos mentalmente pela tela e por esta entra a civilização. Então, as imagens dos imaginários urbanos são aquelas nas quais convivem os cidadãos em seu viver diário, produzidas sem nenhuma intenção de arte e que são vividas como seu próprio entorno.[50]

Examinemos alguns casos de mistura de imagens urbanas com grande participação desses imaginários sociais que afetam a percepção urbana e que operam como bolhas que encapsulam por algum momento uma exibição pública.

---

[50] Na exposição já citada de imaginários urbanos, *Desatar pasiones ciudadanas*, no Museu de Arte Moderna de Bogotá, houve uma grande afluência aos eventos, e a curadora perguntou-se várias vezes o motivo: neste caso, as pessoas iam mais para ver imaginários do que obras de arte. A resposta naquele momento foi que os cidadãos que iam não eram público de arte, e sim cidadãos comuns, e o efeito de fascinação consistia em que viam no museu o que normalmente viam nas ruas: um vendedor ambulante, um grafite, sem nada que fosse especial, porém o museu os tinha tornado extraordinários.

Nichos: entre realidade e ficção

Prossigo, em consequência, já não com a arte em cadeia por intervenção de vários atores, nem com associações de imagens de base imaginária ou digital, mas sim com sua comparação, com outras formas de conectar-se usando estratégias formais da arte moderna, como assinalei antes, porém, o mais importante, atuando em cadeia, diretamente sobre a opinião pública, localizando-se muitas de suas expressões em consonância com a pós-modernidade. Vemos casos em que se encadeiam acontecimentos sociais com grafites ou com instalações ou remontagens de arte ou através de melodramas televisivos ou filmes de super-heróis.

Depois do ataque ao World Trade Center, em Nova York (2001), apareceram velhos grafites de tipo textual que usavam estratégias pós-modernas nas ruas de América Latina, como este: "Vendo lote no centro de Manhattan"; ou do tipo: "Troco boné de guerrilha por turbante".

Laura Silva Abello, Bogotá, 2001.

A pós-modernidade na arte inclui diversos movimentos, como o surrealismo, a transvanguarda italiana, o neoexpressionismo alemão, o neomaneirismo ou o simulacionismo, que ocorre na América Latina. Nutriu-se das ideias debatidas e expostas por escritores como Jacques Derrida (1930-2004), Jaques Lacan (1901-1981), Slavoj Žižek (n. 1944), Michael Foucault (1926-1984), Françoise Lyotard (1924-1988), Jean Baudrillard (1929-2007), todos leitores atentos da obra de Freud (1856-1939), a psicanálise, e de construir uma teoria crítica da cultura e da subjetividade. O pós-modernismo, se assumido como uma revisão da modernidade e de suas vanguardas, seria "posterior" ao moderno. Contudo, como se sabe, não necessariamente é bem assim. Desenvolve-se, em todo caso, como estratégia narrativa e visual, de modo mais consciente em especial nos anos 1980. Toma aspectos, partes ou citações de obras anteriores, recicla técnicas e temáticas, recria imagens históricas de outros movimentos e as traduz em uma estética contemporânea. Por isso, entre suas estratégias de ação estão a ironia, a burla, a citação do passado ou a combinação de estilos e formas que recicla terrenos preparados para o grafite.

Na imagem seguinte, vemos uma indígena aimará na cidade de La Paz, capital da Bolívia, grafitando um muro com um pé. É parte de uma das ações repetidas do movimento boliviano de criação coletiva "Mulheres criando", que usa o grafite e realiza cerimônias densas e complexas, como mostra o documentário de Nelson Martínez, *La Paz imaginada*,[51] no qual as participantes espalham tinta vermelha na entrada da casa dos funcionários públicos que julgam corruptos. Estas manchas vermelhas intimidam em sua ampla expressividade pós-moderna.

Folheto público, Mulheres criando, La Paz.

[51] Do projeto internacional *Imaginários urbanos*, sob minha direção, disponível na internet.

Madelaida López Restrepo, Bogotá, 2006.

Já em Bogotá, o presidente Bush surge transfigurado em Mickey Mouse 96; em Lisboa, manda-se os espanhóis para casa, numa demonstração pública do conflito entre fronteiras 97. A imagem seguinte comete um exercício sutil: diante da propaganda oficial de descrever a cidade de Medellín, na Colômbia, como a mais segura, logo depois da década em que foi dominada por Pablo Escobar, o grafiteiro desmonta a mensagem, a desconstrói como Derrida, e ao colocar um revólver de frente, de cara, para quem lê, evoca o significado da aprovação à força da mensagem de segurança 98. Típico jogo da pós-modernidade. Esta imagem, porém, adquire maior ressonância se considerarmos que circulou no mês de março de 2009, em Medellín, quando se comemorava a reunião anual do Banco Interamericano de Desenvolvimento (BID) e as autoridades desse município apresentavam a cidade na mídia internacional como exemplo de paz e reconciliação nacional.

Vê-se, adiante, uma sólida metamorfose, ou fusão, entre o Deus da Colômbia, o Sagrado Coração de Jesus, a quem a cada 20 de julho se entrega o país, com a imagem do presidente Uribe (2002-2010), que é criticado por sua pretensa encarnação divina 99. Esta estratégia de encarnação por deslocamento de sentidos de um objeto em outro é parte do desenvolvimento

nichos estéticos

191

Anônimo, Lisboa. "Turistas: respeitem o silêncio português ou vão para a Espanha!"

Daniel Calle, Medellín, Colômbia, 2009. "Medellín, a mais segura. Ou não, filho da puta?"

Natalia Cadavid, Medellín, Colômbia, 2010.

da teoria dos imaginários urbanos e da geometria estética do nicho, porque se produz como um encontro de mentalidades (Silva, 2012) e se "grafica" numa figura. Em São Paulo, o grafiteiro vê a si mesmo produzindo seu próprio grafite 🔸, produzindo opinião do que faz, autêntica metaoperação crítica; na mesma cidade, o fotógrafo Arnaldo Vuolo consegue a extraordinária imagem, entre perspicaz e terna, de um policial vendo, talvez admirado, o que uma menina está fazendo na rua 🔸 (1991). O contrário, não a ternura mas o crime, aparece em foto tirada em 2012 pelo sociólogo mexicano Luis Herrera, a propósito de um projeto sobre imaginários de fronteira:[52] o grafite une a Primavera Árabe (manifestações de 2010 a 2012), em suas revoltas pela libertação, para impingi-la aos seus vizinhos gringos 🔸.

---

52 Projeto *Fronteras imaginadas* USA–México: 3.220 quilômetros entre várias cidades parceiras (uma de cada lado) e que aplica a metodologia de imaginários urbanos. Universidade Autônoma de Ciudad Juárez, 2013.

nichos estéticos

193

Bruno Giovannetti,
São Paulo, 2008.

Arnaldo Vuolo,
São Paulo, 1991.

Luis Herrera, Ciudad Juárez, México, 2012. "Os muros jamais detêm a primavera."

Em meados de 2008, surgiu de modo inesperado nos noticiários colombianos uma antiga apresentadora de notícias de TV, Virginia Vallejo, com uma revelação verossímil, porém insólita, por ser tão nua e crua como também direta. Revelou ao vivo pelos próprios noticiários que ela, como ex-amante de Pablo Escobar, o chefão dos chefes da máfia das drogas, dava fé de que o assassinato do grande líder político Luis Carlos Galán, um dos mais profundos da história nacional, tinha sido cometido por ele, como chefe do cartel de Medellín, mas inspirado e motivado pelo ex-senador Alberto Santofimio, que numa reunião disse a Escobar, sendo ela testemunha presencial: "Mate-o, Pablo". O país ficou consternado ao saber da confissão, feita não em juízo, mas diante das câmeras de TV, sem qualquer recato ou prevenção, pois vinha de uma amante reconhecida do temível chefe mafioso, considerada por sua boa tradição profissional, educada, bilíngue e de boa capacidade de expressão. Porém, sua confissão foi tardia e extemporânea para os prazos da Justiça, que tinha já encarcerado aquele que se considerou como instigador de um crime. Poucos dias depois, Santofimio saiu livre da cadeia e os familiares do líder assassinado, bem como vários cidadãos, acreditaram – eis aqui a construção imaginária – no testemunho da comunicadora

Vallejo. Diante do silêncio da Justiça, após alguns dias surgiram grafites em alguns muros, que voltaram a insistir nas mãos sujas de sangue daquele que era acusado de autor intelectual, como se mostrou na página 33 ⚜. A imagem, feita com estêncil, foi de difícil consecução, pois perdurou poucos dias exibida, já que esta e outras similares são eliminadas quase ao mesmo tempo que surgem sobre os muros desta capital, demonstrando a eficácia da valência que chamei de efemeridade do grafite, quando o acompanha uma denúncia de conjuntura presente.

No ano de 2012, surgiu uma nova produção televisiva sobre Escobar, abordando outra dimensão do personagem a partir da intimidade de sua vida pessoal, feita com grande capacidade técnica e divulgada simultaneamente em vários países de língua espanhola, e em todos conquistou audiência máxima. Numa coluna de opinião (El Tiempo, 15 de junho de 2012), destaco sua dimensão estética vinculada aos modos de vida de uma região. Pode-se dizer que, com Pablo, a morte nunca havia estado tão próxima na vida urbana colombiana. Ao contrário da guerrilha, que ataca e assassina geralmente em lugares afastados dos centros de poder urbano, as máfias da droga sempre tiveram um imaginário urbano, como se vê nas cenas de cidades no México ou nos Estados Unidos. Seus membros sonham ser acolhidos pelas elites da cidade. O *narco*, como é chamado popularmente o traficante de narcóticos, permeou, em vários países americanos, todas as classes sociais, o que se expressa nas próprias ruas; os ricos no México ou na Colômbia encontraram o gozo das grandes caminhonetes pretas com vidros escuros, com luxo de escoltas, contratadas para mostrar poder; os corpos dos setores médios se tornaram mais insinuantes, as garotas com roupas com enchimentos ou rapazes tatuados, exibindo a musculatura e castigando a mulher; os setores populares inventaram uma linguagem direta e bizarra, *ñero*, que perpassa a cultura urbana. Há então uma estética *narco*, que se encapsula a modo de autorreconhecimento e que afetou a vida cotidiana com a criação de nichos visíveis de poder criminoso. Por sua vez, essa estética chega com maior tolerância e mais agressividade citadina, como propus num vídeo a respeito,[53] no qual aponto essa perda de guias sociais para diferenciar realidade de ficção.

O que ocorreu durante a exibição do filme *Batman, o Cavaleiro das Trevas ressurge* (*The Dark Knight Rises*, 2012) em um cinema no Colorado, Estados Unidos, corresponde novamente a uma perda momentânea de visão entre realidade e ficção. Seu *alter ego* malvado, o Coringa, surgiu de verdade, fisicamente, carregado de balas e explosivos, e matou todos os que cruzaram seu caminho – sob uma surpresa coletiva incomensurável, pois o estrondo podia ser parte do filme e, por isso, os espectadores demoraram segundos mortais para entender que o que estava acontecendo não fazia parte da representação da tela, mas ocorria na sala de cinema, que os mortos estavam vivos instantes atrás, comendo pipocas, e que o assassino real estava disfarçado, reivindicando ser o verdadeiro. *O Cavaleiro das Trevas* aponta para novas vítimas, que demonstram, outra vez, que o célebre morcego, nascido na década de 1930, não é de mentira, mas, pelo contrário, é um poderoso representante das mais escuras abjeções, estranheza imaginária da mente humana, talvez o punhal que um amigo nos crava pelas costas. Afastemo-nos da lógica do simulacro, que nos oferecia alguma segurança na inverossimilhança, uma distância emocional ilimitada; "agora no Ur Pop, sabemos que podemos ser enganados – e às vezes comprovamos – o advento do real" (Fernández Porta, 2008, p. 68): este Ur Pop será a não distinção da ficção na realidade – estável – que acreditávamos dominar? Esta telenovela, justamente, soube misturar imagens de noticiários com outras criadas de ficção, jogando num gênero híbrido entre documentário e livre criação mais para manipular os telespectadores... Advento repentino do real.

---

53 Ver Facebook: *Conversaciones con Armando Silva*, por parte de Sebastián Santisteban, *Imaginarios urbanos*.

O que ocorreu na Colômbia com a telenovela *Escobar, el patrón del mal*[54] apontou resultados psicológicos semelhantes, embora o exercício seja ao contrário: Escobar existiu, foi noticiado durante vários anos (na década de 1990) pela mídia, que mostrava sua maldade e criminalidade, assim como seus êxitos, a partir da riqueza, bem como suas façanhas sociais (ajudava os pobres) e políticas (chegou ao Congresso e foi íntimo de poderosos senadores). A construção deste personagem para a TV traça seu perfil como sendo um herói nacional, pois aparece malvado, vingativo, embusteiro, mas também frio, seguro, bondoso, que são atributos de implacáveis personagens cinematográficos (que o *western* tornou memoráveis).

Escobar é um modelo como Batman. Ambos são personagens que enfrentam o poder com poderes especiais. Porém, enquanto Batman, no caso dos Estados Unidos, gera uma perda momentânea entre realidade e ficção, Escobar, em sua versão de telenovela, ativa a memória social para torná-la uma história verossímil, já previamente interiorizada. Os álbuns que circularam em Medellín durante a exibição na TV (2012) corresponderiam a esse ritual em que se coleciona o incrível, imagens desses seres intocáveis reservados à imaginação.[55] A imagem (fotografada pela socióloga Lucero Zamudio) contextualiza o ambiente desencadeado pela série de TV.

Da mesma forma como Batman e Escobar se encadeiam em sentidos urbanos, algo semelhante pode ter ocorrido no tiroteio na cidade de Aurora, Colorado, em 1999, e que precedeu ao ataque do Coringa, no qual várias crianças também foram mortas. Os meios de comunicação de massa e muitas pessoas culparam as figuras *pop*, as tribos urbanas ou cantores extravagantes, como Marilyn Manson. Este escreveu um texto no qual se considera vítima de uma "caça às bruxas", pois o transformaram em bode expiatório, em vez de examinar o que aconteceu com a

---

54 *Escobar, El patrón del mal*, novela produzida pela Caracol TV, da Colômbia, foi transmitida entre 28 de maio de 2012 e 19 de novembro de 2012, com 113 capítulos para exibição nacional e 74 capítulos para exibição internacional. (N.T.)

55 Ver Facebook: *Conversaciones con Armando Silva*, por parte de Sebastián Santisteban, *Imaginarios urbanos*.

Lucero Zamudio, Medellín, Colômbia, 2003. "Nena, siga o exemplo de Pablo Escobar: entregue-se!"

sociedade norte-americana: "vestir preto ou ser gótico não é criminoso". E o mais ofensivo quando essas tragédias ocorrem é que "a maioria das pessoas não se importa, na verdade, com o fato mais do que se importaria com o final da temporada da série televisiva *Friends*". A mistura de mídias, fontes e condições de enunciação constitui um argumento a mais para essa perda de percepção entre ficção e realidade, e para um aumento da evocação imaginária da realidade social.

Em Ciudad Juárez, no México, os entornos urbanos, como consequência dos enfrentamentos de grupos mafiosos, evidenciam-se por atos bárbaros como incêndio em casas dos parentes dos inimigos (2012). Esta iconoclastia (destruição de objetos e imagens com fins simbólicos) tem sua origem no início do cristianismo, mas hoje apresenta um significado mais social do que religioso. Pérez de Lama destaca que a imagem é uma ferramenta para lutar no terreno da opinião pública, isso sem dúvida, e que queimá-la "não pode separar-se de outros aspectos mais radicais do real" (Unia, 2004). É claro que isso funciona como arma de intimidação não só contra o inimigo declarado, mas contra toda a cidade e seus cidadãos, já que

Coleção Armando Silva, Ciudad Juárez, México, 2012.

uma marca dessa natureza anuncia um possível crime contra aqueles que os desafiarem ou desobedecerem. Queimar torna-se sinônimo de atirar: "eu poderia eliminar você" é a mensagem implícita. Trata-se de nichos de medo encapsulados, criados de ações que tornam suas as estratégias da arte ou do grafite.

Num programa denominado "representações paralelas",[56] são utilizados os mesmos meios de comunicação de massa para desafiar a percepção socialmente admitida de um fato, já que sobre um ícone que representa o estabelecido nas memórias citadinas começam a circular outros significados paralelos de ruptura que pretendem "mudar" seu significado original, dotando-o agora de um novo aspecto que usualmente está oculto na imagem ou conceito. Pode-se, por exemplo, retomar[57] em plena Copa do Mundo de futebol (que joga com valores patrióticos e tribais) e transformar a bola 🔴, seu ícone poderoso, intervindo para tirá-lo do campo de jogo e dar-lhe a forma de peito, onde o torcedor bebe ou "chupa" o seio materno. Em seu significado analítico, desejou-se destacar os sentimentos de alienação e fanatismo dos torcedores: a regressão à condição de indefeso bebê que suga o seio materno, como fazem os adormecidos torcedores da nação que o time representa. Neste aspecto, alguns pesquisadores reclamam que a visibilidade da alteridade (pobreza ou grupos marginais) "são parte dos processos de reconciliação e permitem às comunidades levar ações de autoafirmação" (N. Pardo, 2012, p. 2005). Em Sevilha, Espanha, brinca-se com seu ícone mais tradicional, a Giralda,[58] para o que o grupo de pesquisa Sevilla Imaginada[59] retoma um cartaz-montagem de Daniel Alonso Mallén, onde esta figura arquitetônica parece voar como um

---

56 Programa de arquivo de imaginários urbanos em que se compilam ou produzem imagens com assombro social.
57 Ver ampliação em Silva, *Imaginarios, el asombro social* (2013; ed. bras. no prelo).
58 A Giralda, Patrimônio Mundial pela Unesco, é o campanário da Catedral de Santa María de la Sede de Sevilha. Os dois terços inferiores da torre correspondem a um minarete, ou farol, da antiga mesquita árabe, do final do século XII; o terço superior data do período cristão, construído para alocar o campanário. (N.T.)
59 Dirigido por Pedro Romero, com a produção de Joaquín Vázquez, Universidade Internacional de Andaluzia (Unia), 2007-2010.

Ieco, Bogotá, 2002.

Daniel Alonso Mallén, Sevilha, 2002.

foguete 🔳, assim como poderiam imaginar alguns sevilhanos sobre seu grande emblema urbano religioso.

Essas imagens urbanas não são arte urbana nem arte pública. Pode-se considerar que ambos os fatos participam de funções estéticas dominantes e que os imaginários citadinos podem impregnar-se de diferentes valores em circulação social, entre eles os criados pela própria arte, ou, ao contrário, a arte pode retomar as expressões coletivas de base imaginária para inspirar suas ações ou suas criações. Quando um projeto de estudos em imaginários urbanos põe em circulação as representações paralelas não o faz como se fossem imagens de arte, e sim aproveitando algumas estratégias da arte pública para impactar uma comunidade concreta na percepção de um fenômeno.

Em certos imaginários há mais produção de afetos e de paixões, portanto o amor é um grande produtor de imaginários, porque é emoção acesa, viva, assim como os medos, ódios e vinganças. Os imaginários, como formadores de nichos estéticos, seriam as teorias dos afetos citadinos e foi justo com esse critério que, como já disse, o Mambo organizou uma exposição intitulada *Desatar pasiones ciudadanas*. Numa entrevista, sua curadora explicou[60] como quando alguém ama deixa de produzir um juízo crítico sobre o sujeito que ama, simplesmente está num encantamento, dominado por um fantasma. Desatar é liberar energia, forças, ações. Os imaginários podem chegar "distorcidos" a partir de gestos individuais e liberar paixões políticas otimistas, como me referi anteriormente sobre o professor Mockus e suas calças abaixadas; podem gerar introspecções como as da fé religiosa 🌸, segundo a revista *Rolling Stone*, no caso da libertação de Ingrid Betancourt[61] (2009), pois logo após seu sequestro ela foi se encarnando em fé divina, sentindo-se a "santa dos sequestrados"; no cativeiro, não só pôs de joelhos as Forças Armadas, protagonistas de sua boa sorte, diante da TV para agradecer a Deus por sua libertação, como também o presidente colombiano e a Corte Suprema, que, contagiados, se ajoelharam para pedir a Deus pela reconciliação. A libertação de Ingrid desatou paixões religiosas... Mas também é possível desatar medos, guerras, valores. As bolsas de valores são um verdadeiro laboratório de imaginários. O temor de uma guerra faz dobrar o preço do petróleo e, no dia seguinte, o aumento se esvai porque a TV anuncia que as circunstâncias bélicas

🌸 *Rolling Stone*, Luis Carlos Cifuentes, 2007.

60 Exposição *Desatar pasiones ciudadanas*, no Mambo, em maio de 2009. Retomo parte do seu catálogo.
61 Ingrid Betancourt nasceu em 1961, na Colômbia, onde, na década de 1990, atuou na política, lutando contra a corrupção e empenhando-se numa saída pacífica para o conflito armado vivido naquele momento. Em 2002, quando era candidata à presidência da República, durante as conversações de paz com guerrilheiros das Farc (Forças Armadas Revolucionárias da Colômbia), Ingrid Betancourt foi sequestrada, com sua assessora, e ambas permaneceram por seis anos, quatro meses e nove dias em cativeiro. Seu dramático resgate pelas Forças Armadas ocorreu em 2 de julho de 2008. (N.T.)

desapareceram. Vivemos uma época de contágio, antes que de contato, onde os signos exploram e nos fazem explorar, o que é próprio na construção dos nichos. Este é o desencadeamento dos imaginários nas sociedades do conhecimento. Em estado de imaginários, as certezas esmorecem, o sujeito não se reduz ao conhecimento (como projeto positivo da ciência), mas se amplia a incerteza e se reorganiza, diria que esteticamente, o olhar citadino. Isto provoca uma fusão: a identificação do sujeito com seu objeto.[62]

Quando o furacão Sandy, em outubro de 2012, atingiu a região leste dos Estados Unidos e deixou perto de 100 mortos, publicaram-se imagens impactantes que circularam em tempo real pelas redes sociais. No entanto, poucos dias depois, soube-se que várias delas eram falsas. *Mashable – Social Media* pegou algumas delas (3 de novembro de 2012) para desmascarar a verdade. Justamente, uma das mais difundidas, por colocar em risco o maior emblema da cidade, foi a da Estátua da Liberdade, rodeada por uma poderosa e quase diabólica nuvem que quase a engole. Na verdade, corresponde a uma "montagem com Photoshop realizada em 2004 pelo fotógrafo Mike Hollingshead". As imagens autênticas corresponderiam às produzidas pelo jornal *The New York Times*, que captou a cada minuto uma imagem do ciclone, com uma câmera colocada no 51º andar do edifício do jornal, permitindo ver quase em movimento os estragos atmosféricos urbanos do fenômeno. Depois desses episódios, circularam pelo Twitter conselhos para decifrar quando uma imagem pode ser falsa, como conhecer a história da imagem, para o que "se descarrega a imagem suspeita ou sua URL no buscador de imagens do Google".[63]

Estas falsificações para semear mais medo ou para estetizar uma tragédia são nichos cidadãos? Por acaso são defesas contra

---

62 Para ampliar esses conceitos, ver meu livro *Imaginarios, el asombro social* (2013; ed. bras. no prelo).
63 Deve-se ir ao Google Imagens e clicar na câmera fotográfica. Logo sairá uma lista de artigos com a foto postada ou "linkada". Fiona MacCann, editora da *Storyful*, recomenda também visitar *TinEye*. Aqui também é possível postar uma foto ou pegar seu endereço e ver sua origem ou comprovar se já existe com algum auto, data ou meio reconhecido.

o medo comum ou, pelo contrário, contra a pirataria, para incitar ainda mais a comoção social?

A relação entre imaginários e nichos estéticos se dá em princípio: um imaginário social representado é um nicho dentro do qual atua como um ninho comum entre cidadãos; porém, os imaginários são um princípio cognitivo de percepção estética a partir de onde se fazem visões do mundo, enquanto um nicho corresponde a uma criação espontânea, na maioria das vezes passageira, para resguardar-se ou mostrar uma agrupação, criando estratégias de representação, em geral dispostas no tempo com um início e um fim, sem que signifique alguma demanda ética. Um nicho pode ser a consequência de um procedimento que começa como criminoso, como o da estética *narco*, na Colômbia ou no México das primeiras décadas do século, sem que os que a usam sejam ou sem que sequer se identifiquem com seus autores; porém, resguarda-os um estilo que se torna público e isso os avizinha na percepção social. Os nichos, então, são figuras isoláveis para se ver em sua geometria sua operação social, enquanto os imaginários são as categorias profundas de percepção, como tais invisíveis, que impulsionam esses nichos.

Os olhos do Google e seus fantasmas

The Nine Eyes of Google Street View (Montreal, Jean Boite, 2011) pode ser uma primeira entrada para a construção de panoramas ou vistas sem edição, mas concebidas para formar arquivos de percepção social sem que haja mediação de uma intervenção de qualquer meio diferente daquele que as recolhe. A experiência, bastante conhecida e contada agora em livro,[64] consiste num automóvel híbrido criado pelo próprio Google, dotado de um poderoso GPS mais três telescópios a *laser* e um escâner, que permitem fotografar tudo o que estiver em seu caminho

---

[64] Base para a coleta do conhecido e usado programa Google Maps.

ao circular por ruas e avenidas. A cada dez ou vinte minutos, automaticamente, captura o que acontece diante da lente. O carro ao qual me refiro tem acesso a 360 graus de modo horizontal e 290 graus na vertical, simulando o olhar total que pode ser feito agora, superior à visão humana, que vê 180 graus.

Capturar aspectos soltos da realidade física, como resíduos, sem tentar calcular um olhar ou ideia específica, significa apontar para uma realidade em estado bruto, concentrando-se nesse "so raw material focused upon both left intact and made transparent" (Montreal, Jean Boite, 2011, p. 4). Esta experiência propiciou a oportunidade de se capturar um novo mundo de uma nova forma. Eu diria que surge uma nova estética apoiada na tecnologia, pois não corresponde a uma seleção influenciada pelo conhecimento de um fotógrafo ou de um curador que tenha presentes estilos ou tendências. Esse estilo livre do Google, que continua o que a empresa faz pela web, apresenta um poderoso arsenal de imagens que sem dúvida clamam por ser interpretadas. Essa maneira de gravar e captar o mundo reflete um planeta contemporâneo que corre pelas ruas.

O Google Street View foi, então, reunindo imagens de todo tipo, colhidas pelo Roving Google Vehicle. Ante o olhar "descolado" que opera da câmera livre, pode-se formar a impressão de que estamos sendo observados por alguém de modo permanente (materialização do literário Big Brother...) e, "ao mesmo tempo, por ninguém" (p. 9). Somos bombardeados por fragmentos de visão e, ao mesmo tempo, não registramos nada. Se no passado foram com frequência as religiões ou as ideologias as responsáveis por mostrar o caminho para encarar ou valorizar outros âmbitos de percepção, agora é o Google que pode ter esse império, ao organizar as informações para nós. Alguns, afirma seu editor, como Sergin Brin e Larry Page, compararam o Google com o espírito (e os olhos) de Deus. A câmera praticamente atua como uma testemunha ausente, visto que sua presença não é rígida, a não ser pelo fato de ser criada por uma direção; porém, não se pode dizer a ela o que deve ou não fotografar, apenas usa-se uma medida de tempo de programação prévia.

Consegue-se, desse modo, um volumoso material que, se não for filtrado por alguma lógica, cria a sensação de delírio, muito parecida com a representação que podemos deduzir se alguém olhar atos de rua sem nenhuma ilação que os coloque juntos.

Não é propriamente um álbum de família, embora haja alguma relação, pois as fotos ficam familiares uma vez que se apresentam em um livro como parte de um contínuo (ver Silva, 2011). No entanto, o que aparece não é a intimidade familiar, e sim a pública. Bêbados caídos, uma estranha besta que cruza uma avenida, crianças brincando com revólveres apontados para seus pais, famílias comemorando um aniversário num antejardim que dá para a rua, a cena de um crime investigado por policiais, um cão fugindo de uma casa através das grades, uma senhora pendurada na janela de sua casa, parecendo que vai cair; a prisão de delinquentes ou de prostitutas na rua, um homem com um rifle prestes a atirar, fachadas tristes ou repletas de colorido ou jardins sem fim que se estendem entre avenidas. Enfim, um mundo louco, pois não está editado, ou seja, levado pela razão.

Dentro da lógica desencadeante dos nichos, a partir de 2012 começaram a ser vistas algumas dessas imagens dos "olhos do Google" editadas como cartazes e coladas nos muros de cidades como Nova York, Berlim e Londres, justamente no mesmo lugar onde tinham sido capturadas as imagens soltas e espontâneas originais, dando uma esquisita sensação de estranhamento. Denominam-se fantasmais, *street ghosts*,[65] pois se concentram em pessoas capturadas pela câmera de modo imprevisto, sem nenhuma pose, e logo são impressas ampliadas e colocadas em tamanho real, o que gera essa perturbação no olhar, como poderia fazer um grafite visual.

---

65 Ver Facebook, Urban Imaginaries.

Arte digital, obras imaginárias e a internet

Pelo site *Esfera pública* circulam "vários debates da arte pública, em especial ibero-americana". Seu criador e diretor, Jaime Iregui, vislumbrou em 2000 a opção "sem espaço" da arte atual e se propôs a usar as mesmas ferramentas tecnológicas digitais (como a web, o correio eletrônico, YouTube, vídeos etc.) para avançar na arte pública. Esse encontro de uma tecnologia com o objeto da arte atual, posto no pensamento, nos conhecimentos, mais que no objeto material, foi parte da boa recepção deste projeto. Quando a Documenta 12, em Kassel, na Alemanha, convidou Iregui para participar do espaço de projetos independentes (2007), somente foram convocados dois espaços de discussão: *Empire*, da Austrália, e *Esfera*, de vocação ibero-americana, com dois enfoques diferentes, pois na última os temas não estão prefixados e as discussões se desenvolvem com plena autonomia de rede, de acordo com o que acontece.

A chave dos acertos que vejo nesta plataforma pode estar em que, em tempo real, seus (em torno de) cinco mil inscritos continuam o debate, destacam fatos, relacionam alguns com outros e sugerem opções de análises. A maior parte dos participantes ativos da discussão ser formada na crítica e na teoria (Lucas Ospina, Gabriel Merchán, Carlos Salazar, Mauricio Cruz, Guillermo Vanegas, Ricardo Arcos Palma, Carlos Jiménez, Francesca Bellini e outros) enriquece o panorama crítico nos países que os seguem e cria um fundo teórico do que muitas vezes as escolas de arte não dispõem e, por sua vez, impulsionou uma nova corrente – e talvez uma nova geração – de opinião dos críticos históricos. *Esfera* permitiu o uso de pseudônimos, e estes se sucedem uns aos outros, tolerando uma maior liberdade nos jogos de "crítica dura" que, às vezes, por ali circulam sobre fatos de arte nacional e internacional.

De sua parte, a Documenta 13, de 2013, que teve como diretora artística Carolyn Christov-Bakargiev e como corresponsável a catalã Chus Martínez, buscou obras "que apelam aos sentidos", segundo Estrella de Diego, fabricando uma Documenta "*à la carte*, onde cada um inventa seu próprio percurso"[66] para fazer ver uma série de relações que podem se dar entre umas e outras obras. Isso interessa, como estratégia, a este livro, que tem propósitos paralelos, mas com manifestações que ocorrem mais fora do museu ou das galerias e dentro de períodos de tempo contínuos da vida real, e não como parte de alguma exposição com datas determinadas de princípio e fim; e, além disso, mais centrados no acontecer dos nichos estéticos.

Dentro deste contexto tanto digital como sensorial, a revista *Artforum* de setembro de 2012, que então comemorava cinquenta anos e, para tal, dedicou essa edição especial de aniversário aos "Novos Meios de Arte", fazendo uma revisão das "últimas cinco décadas nos meios de comunicação, tecnologia e arte" – a partir do Plexiglas e Porta-Paks, da década de 1960, até a produção no presente (*Artforum* [on-line]). Abrigou também uma fria polêmica sobre se existe ou não a arte digital.[67] Uma das autoras convida o leitor a voltar mentalmente para o final dos anos 1990, "quando criamos nossas primeiras contas de *e-mail*", e inquere: "Não havia então um

---

66 "Documenta 13: política e otimista", *El País* (12 de junho de 2013).
67 Postado por SalónKritik em 15 de setembro de 2012 e abrigado por *Esfera pública*, retomo alguns apartes por conveniência para destacar os pontos de desenvolvimento nesta parte entre arte, espaço público e tecnologias.

sentimento cada vez mais estendido de que a arte visual se transformava também em digital, tomando as rédeas das novas tecnologias que estavam começando a transformar nossas vidas?" Porém, na opinião de Claire Bishop, essa tendência não chegou a se completar, embora "isso não signifique que os meios digitais tenham deixado de se infiltrar na arte contemporânea".

Para outro crítico, Pau Waelder, o que foi dito expõe lacunas que a historiadora tem em relação à arte de novos meios e sua evolução, desde os anos 1960 até hoje. Naquele momento, 1996, em que Bishop começava a notar que a arte "se transformaria também em digital", o festival Ars Electronica contava já, como recorda, com quase vinte anos de história e por mais de uma década concedia prêmios às obras de arte digital de maior destaque do momento. "A Net Art contava com quase cinco anos de história e a popular comunidade on-line de arte digital Rhizome completava dois anos de trabalho em Nova York". Um efeito colateral significativo da era da informação é que a pesquisa ficou mais fácil do que nunca[68]. Talvez, devêssemos pensar em como a arte contemporânea responde à cultura digital. Na revista, Sarah Cook enfatiza que a cultura digital propõe

> [...] novos modos de experimentar, consumir e difundir a arte, e progressivamente as velhas estruturas institucionais e do mercado da arte, baseadas na exclusividade e na escassez, devem adaptar-se a um mundo baseado na distribuição ilimitada de conteúdos e na participação ativa do público.

Está sendo gerado um novo modelo de produção de imagens e de arte. O Google anunciou, por um de seus engenheiros, Ben Gomes, em 2012, os próximos avanços: poder

---

68 Recorda Pau Waelder que, quando o arquivo digital cresce exponencialmente num determinado momento, o Google arquivava livros num ritmo de três mil por dia.

fazer perguntas ao mundo sobre o futuro, inspirando-se no filme Viagem nas estrelas (El Tiempo, 5 de novembro de 2012); assim, o buscador poderá opinar verbalmente sobre a previsão do tempo para determinado dia ou sobre assuntos que podem passar em uma estrutura básica previsível. Isso enche ainda mais de ambientes tecnológicos as atmosferas urbanas que serão retomadas pelos artistas digitais.

Isto não implica que a arte "tradicional" ou que a leitura em meio físico serão substituídas por uma arte ou uma agenda de exclusividade "digital" e que "passaremos de pendurar telas de tecido a pendurar telas digitais nas paredes". Significa que há outras maneiras de fazer e de impactar muito próximas a projetos de imaginários nos quais se põe em circulação uma ideia sem que ela tenha sido concretizada, e a mera circulação já pode dar o *status* de existente. Abre-se, claro, uma nova e inquietante relação entre o imaginário e o virtual; só que o virtual é uma técnica, como o texto "escrito" ou a TV ou o cinema, enquanto o imaginário alude a uma instância de percepção subjetiva de grupos, que cria visões do mundo, a partir de onde se vive o mundo real.

O caso do artista greco-italiano Miltos Manetas (n. 1964) pode ser revelador nestas ações criadas desde a origem por via digital. No livro Neen, escrito e editado por ele mesmo, revela a estratégia de seu lançamento como criador digital para além da arte e por dentro e fora dos museus. O próprio nome Neen foi adquirido de Ivonne Force, através de uma empresa que recebeu cem mil dólares para investigar digitalmente quais seriam um nome e uma imagem digital para uma empresa apenas imaginada que se dedicaria à arte e intervenção digital. Criaram várias "animazioni e immagini che suggeriscono il contesto mentale per la nuova parola" ("animações e imagens que sugerem o contexto mental para a nova palavra"; Manetas, p. 17). Em sua apresentação, em maio de 2000, na Galeria Gagosian, em Chelsea, Nova York, ao mostrar os resultados, era como se uma máquina estivesse enviando sinais; desta forma, Neen "não só atendia à criatividade humana, mas também atuava como a máquina inteligente", com o que se conseguiria o interesse de uma produção a partir da própria operação digital... A Neen se associa com a Lexicon Branding Inc., fundada em Sausalito, Califórnia, em 1982, responsável pela criação de arquivos e memória, como um poderoso *powerbook*, e pela produção do maior comércio de nomes nos Estados Unidos.

ProtestO, grafite e arte:
"Somos anonymous planetárioS"

As redes sociais e algumas práticas citadinas de associação em que sua convocatória se faz por via digital familiarizam para o espaço público uma estreita vizinhança entre o físico e o virtual na construção de novos nichos urbanos nas duas primeiras décadas do novo milênio. Corpos tatuados, grafites, nus, movimentos anticonsumo, anticorrupção, antimachismo, "beijaços", reivindicação de direitos, protestos contra a fome mundial, todos esses motivos com encenações teatrais, que usam a estética como modo de irromper contra o estabelecido, se estendem por todas as urbes, testemunhando o novo milênio como aquele de longa exibição pública. O espaço urbano vai se tornando o lugar público das lutas pelas expressividades e identidades urbanas, já não da arquitetura, mas das culturas plenas e do agito das misturas. Há um renascer nas manifestações e protestos citadinos, porém não mais para conquistas ideais, nem sequer para pretender mudar alguma ideologia, e sim para pedir justiça social. Nos anos 1980, a ideia de sociedade era forte e conectada a um conflito, e nela estavam os patrões, os operários e os sindicalistas, mas hoje "já não há possibilidade de sonhar com uma utopia" (M. Wieviorka, *El Tiempo*, 19 de setembro de 2012). Os novos movimentos – como "Ocupemos Wall Street", que voltou à ativa em 2012 para bloquear a Bolsa de Nova York, ou o dos indignados que marcham conforme as necessidades de cada cidade – são práticos, realistas e breves. Não fazem longos discursos nem discutem em abstrato. Quando pedem para indicar ou bloquear aquele 1% da população que domina os demais, os 99%, não só colocam para circular uma imagem de fácil lembrança, mas também desatam possíveis ações contra esse pequeno mundo de opressores econômicos. Porém, há particularidades: na Espanha, são movidos pela crise econômica, enquanto em Santiago o são pela educação gratuita e de qualidade. Os movimentos sociais de hoje, revela T. Negri (2012), inverteram a ordem das manifestações e dos panfletos tradicionais e tornaram obsoletos tanto os manifestos como os profetas: "Os agentes da mudança já desceram as ruas e ocuparam as praças das cidades, ameaçando e derrubando os governantes, mas também conjurando visões de um novo mundo".

Esses movimentos, de nossa perspectiva dos nichos e das bolhas citadinas, constituiriam mobilizações. Aparecem um dia de manhã e se desfazem à tarde, mas talvez um programa permaneça. São alimentados, em geral, por jovens com acesso ao computador e à internet, a redes, celulares e outras tecnologias digitais. E, como cada um tem seus próprios aparelhos, diferentemente do que se imaginou de uma globalização homogênea, o que existe é um uso individual das tecnologias, que resulta em modos egoístas e fechados. Sair à rua traz consigo algo do social, de participar em grupo. Por isso, o protesto se alimenta do que se faz como indivíduo ou grupo em rede, em bolha, como se disse. Esta combinação de fechamento na tecnologia e de saída física pelas ruas pode ser a base e a originalidade dessas novas ações. Sociais. Sem dúvida, há outro modo de se organizar contra o poder, diante do chamado império. Não é que os Estados Unidos estejam em declínio, mas que o mundo de hoje pode ser regulado por instrumentos diferentes daqueles de poder militar ou econômico. O fraco pode ser mais forte, como o avanço de Capriles na Venezuela (2013), que esteve perto de conseguir chegar à presidência e, ao que parece, não o fez por "fraude". Talvez seja certo que "pela primeira vez na história, todos os seres humanos estão reunidos na mesma arena, mas as distorções, as desigualdades e os contrastes sociais são maiores do que nunca" (B. Baide, 2012, p. 14). Porém, não se trata tanto de os contrastes serem maiores, a questão é que agora são vistos, se relacionam e isso se deve em boa parte às tecnologias. Isto é, não se deu a tão anunciada "homogeneização de uma cultura mundial" por parte da globalização, mas uma "mundialização pluralista" (Y. Michaud, 2007, p. 86). Pode-se argumentar que o global são as tecnologias, mas justamente por essas técnicas, as diferentes culturas e grupos fazem valer seus princípios, seus ideários, suas representações. Constitui um paradoxo, é verdade, mas ainda o mais forte necessita do fraco; antes o forte buscava eliminar o fraco, mas hoje precisa "que seu sócio menor ganhe" para que ele possa crescer economicamente, e nisto intervêm as diferenças de cultura. O olhar ocidentalista não pode ser o único, nem o vencedor. Várias culturas se esforçam, ao contrário, por ser diferentes ou reconhecer-se como tais, assim como acontece na Bolívia de Evo Morales na segunda década do novo milênio: lá a coca não é um problema de tráfico, mas de respeito a tradições.

Um grafite surgido em Madri com o movimento dos indignados: "Não somos Facebook, estamos na praça",[69] lança luzes sobre esses novos movimentos urbanos. A defasagem entre os encontros virtuais e os físicos diminui na segunda década do novo milênio, pois os indignados contra a exploração financeira e os *anonymous*, piratas mascarados da web contra todas as formas de injustiça social, começam a agir em grupo. Em todas essas marchas, são escolhidos lugares emblemáticos para sua ocupação. Em Madri, a Plaza del Sol (2011); em Nova York, Wall Street (2011-1012); em Santiago, a Plaza Italia (2011). Espaços de patrimônio público e parte central das

---

[69] Apartes de minha coluna de opinião "Provocaciones públicas", *El Tiempo*, 19 de novembro de 2011.

histórias locais, onde se davam os protestos tradicionais, mas que foram renovados com discursos inflamados sobre o cotidiano, o autocontrole e sobre a luta por causas civis. Os temas foram desde chamados contra a exploração e propostas concretas como "retire seu dinheiro dos bancos e leve-o para as cooperativas", ou exigências realistas como "que metade do dinheiro que vai para a guerra seja destinada à educação", até problemas mais locais. Um destes foi o difundido por *anonymous* pela rede no México (2011), exigindo solução para a violência desenfreada pelos narcotraficantes e questionando-os por seus anacronismos e suas cumplicidades com a escória política. Também ocorreram novidades nas marchas "por toda a cidade", e não só por algumas vias importantes e tradicionais. Os estudantes na Bogotá de 2011 avançaram por bairros, conforme o domicílio de cada universidade: paravam num lugar e começavam a dar os "abraçaços" e "beijaços" (algo muito significativo contra as provocações radicais) e logo fixavam encontros na tradicional Plaza Bolívar, pedindo a não privatização da educação pública.

Deste modo, começou a se perfilar o impulso de algumas novas cidadanias transnacionais, com a novidade de um uso intensivo da cidade, de onde se fala ao mundo. A partir destas iniciativas, se desenvolve o que seria uma "esquerda cultural", muito distante daquelas ideológicas ou dessa que se impõe pelas armas, com um "atraso de três ou quatro guerras simbólicas".

O retorno ao corpo físico e ao contato deste com o de outros manifestantes segue ao lado da reconquista dos espaços públicos. A cidade se torna protagonista e, contra todos os cálculos de que são os meios de comunicação de massa que induzem às ações públicas, observa-se uma verdadeira desmidiatização dos meios tradicionais, onde, por sua vez, o corpo a corpo dos manifestantes se combina com mensagens globais e as rodovias digitais atuam como redes ressonantes do que sai das ruas. Primeiro as ruas, depois o mundo do ar, onde se localizam as redes globais da economia, apontando o mundo real.

O outro elemento de valorização nas novas mobilizações citadinas é o artístico, em duas direções: no uso de estratégias de arte, como fizeram as já lendárias Mães da Praça de Maio, de Buenos Aires, fazendo rondas, trazendo fotos dos desaparecidos ou pintando desenhos nas ruas, onde supostamente está a silhueta do desaparecido, para que ninguém pise nele, fazendo-o aparecer desta maneira, ou ainda quando no coração da própria arte se recriam esses protestos, como fez a Bienal de Berlim em 2012 (Kultur 21). A curadoria, a cargo do artista polonês Artur Zmijewski, sintetiza:

> O conceito da 7ª Bienal de Berlim é muito simples e pode ser condensado em uma única frase: arte atual que realmente funciona, que deixa o seu rastro na realidade, e abre um espaço onde a política pode se realizar. Estas obras (apresentadas) criam acontecimentos políticos, seja ocupando-se dos problemas urgentes da sociedade, seja da política da memória a longo prazo. As áreas-chave de nosso interesse são: a eficácia política da arte, a atividade dos intelectuais comprometidos e a classe criativa (artistas, em particular), e suas reações às importantes questões sociais.

Dentro da mesma Bienal, foi recriada uma praça pública de discussão aberta, "neste caso, uma praça global", para que todas as pessoas e assembleias dos diversos países pudessem participar, com a ideia de intercambiar experiências e pensar estratégias. Seria esta Bienal a proposta com base na arte para uma tomada de consciência de um nicho estético no qual um grupo se resguarda, manifesta um interesse comum, se une para fazer notar que as manifestações reais evocadas usam estratégias de arte, como faixas, cores, *performances* de rua, festas, invenção de novas marcas e, enfim, ações estéticas que se tornam ações políticas.

Outras atmosferas urbanas dirigem-se diretamente às construções arquitetônicas.

Jardins cOmO museus e edifícios CoMo jardins

O jardim dos artistas e Disney refaturado

Próximo à cidade de Belo Horizonte, foi inaugurado, em 2002, um museu de arte contemporânea: mais de cem hectares de natureza agreste, um jardim botânico e mais de vinte galerias com artistas reconhecidos internacionalmente. Bernardo de Mello Paz, criador deste Instituto de Arte Contemporânea e Jardim Botânico Inhotim declarou ter-se inspirado na Disney:

> Para mim, a arte não funciona em edifícios fechados, com tempos restritos de visita. Hoje o artista já não é mais o gênio solitário, aquele que executa sua obra para que outros o admirem. O artista projeta seu trabalho numa instalação que logo, pela genialidade das pessoas do entorno, ganha vida (El Espectador [on-line], "Convierten jardín en Museo de Arte Contemporáneo").

A inspiração na Disney, porém, deixa de fora algo que não reconheceu seu criador: a diversão, com tudo o que implica de risco de ser consumido pelo imediatismo, que pela qualidade dos artistas convidados neste parque de arte parece assegurar sua condição crítica.

Esse refúgio natural, uma bolha dentro da cidade que abriga 1.300 espécies de plantas, foi onde Bernardo Paz começou sua coleção pessoal "de obras de 123 artistas brasileiros e de todo o mundo", propondo assim um espaço que permita viver a arte de outro modo, misturando-a com a natureza. Lygia Pepa, artista transgressora que fez parte do concretismo brasileiro, "conseguiu em Inhotim um espaço para exibir permanentemente sua obra *T-teia*": uma estrutura que parece um templo feito da somatória de fios metálicos e luz. Doris Salcedo, colombiana, com sua obra *Neither*, já mencionada, uma extraordinária fenda sobre a terra realizada na Tate de Londres em 2004, traz para esse jardim um jogo de muitos tecidos e "se transforma no impulso que dá forma à galeria de 262 m² que leva o seu nome". Combinações visuais de muitas grades de ferro e gesso recobrem todas as paredes do quadrado branco: "grades que não se sabe se estão afundando na parede ou apenas aparecendo" transformam a visão do visitante do espaço interno da galeria, provocando certamente sensações contraditórias.

Esta nova experiência estética contempla uma variedade de objetos do tipo *ready made* espalhados no percurso, ou dezenas de obras colocadas ao ar livre e que simplesmente "terminam por compor o espaço, dessacralizar a arte e adquirir a categoria de algo natural, algo homologável para a paisagem". Pode-se ver aí, sobre um lago, a obra da artista japonesa Yayoi Kusama: "500 esferas de aço inoxidável flutuam sobre o espelho de água, criando formas que se diluem ou se condensam de acordo com o vento e outros fatores externos, lembrando o mito de Narciso, que se encanta pela própria imagem projetada na superfície da água". Enfim, uma atividade extramuros, em campo aberto, que tenta criar outras percepções sobre a arte ao colocá-la em contextos de imaginários naturais.

ARQUITETURAS EXPLOSIVAS. Outras das novas formas arquitetônicas feitas com algum sentido de nicho e de mudança de

contextos, como a anterior, podem ser os jardins urbanos onde se plantam hortaliças ou árvores frutíferas nos terraços e jardins das casas, ou os edifícios com plantas na fachada. Também pode ser considerada assim, em geral, a participação de ecologistas na cidade, em campanhas de conscientização; no México, por exemplo, divulgaram um cartaz em que as ideias são semeadas como árvores produzindo seus frutos, um verde-natureza nos ambientes urbanos, obras que se apresentam como se fossem pinturas 🟊. Ou ainda o que foi feito em Bogotá, que pode ser consultado no artigo "Jardineros insurgentes" (*El Espectador* [on-line], apresentado como um projeto que aposta na intervenção em espaços para gerar uma reflexão sobre o ambiente e a convivência, iniciativa de vários grupos[70] que intervêm em alguns pontos da cidade saturados de lixo, poluição visual e auditiva. Ou os grafites-
-natureza de São Paulo, com os quais se intervém numa figura existente, que se confunde na percepção com uma árvore natural que cresce atrás do muro 🟊, tornando visível um imaginário ecologista. Também em São Paulo, rostos nobres que surgem fantasmagoricamente de resíduos das guerras de pinturas variadas de grafites 🟊.

Coleção Armando Silva, Mérida, México, 2011.

Também, num giro racial pelas fachadas dos edifícios, posso argumentar o que acontece em La Paz, Bolívia, em prédios de "estilo explosivo", como se denomina um conjunto de construções em cuja fachada se conta a história de quem habita a residência ou se gera uma irrupção contra as formas históricas da arquitetura, enfrentando a base acadêmica, por outra irruptora, que segue as pulsações pessoais de seus usuários (ver Candela, "Edifícios de estilos explosivos", *La Razón*, 27 de maio de 2012).

70 Espacio Independiente, Casa Entrecomillas, La Redada e vários grupos e artistas como Mi Caballito de Acero, Troyan Trash, 15-16, Jim Pluk, Nómada, Dablo, Cochino e Ess, entre outros.

Bruno Giovannetti,
São Paulo, 2008.

nichos estéticos

221

Bruno Giovannetti,
São Paulo, 2008.

Alejandro Álvarez, jornal *La Razón*, La Paz, 2012.

O que significa essa revolta? "*Chola*, pós-moderna andina, emergente, foguete, híbrida, fusão, eclética, barroco contemporâneo... são os nomes com que se tratou de batizar o novo estilo arquitetônico cada vez mais presente nas cidades de El Alto e La Paz, tão diversos e coloridos como as cores, enfeites e vidros que recobrem as paredes destes edifícios" (Gemma Candela, 2012). Segundo o arquiteto Carlos Villagómez,[71] de um lado estão os que menosprezam essa forma de construir e que "não a consideram arquitetura", mas sim um estilo decorativo; do outro, há os que afirmam ser esse estilo "a verdadeira expressão da cidade de La Paz", a mais genuína. Pode parecer, em termos simples, bonita ou feia, mas existe por trás toda uma simbologia que identifica um setor da população que criou algo próprio: a nova burguesia de comerciantes e transportadores de El Alto e La Paz, de acordo com o jornal *La Razón*.

São, na verdade, edifícios exagerados e as legendas colocadas em alguns deles lembram um álbum de família, pois trazem memórias de casamento, filhos, chegada à cidade.

71 Autor de *La Paz imaginada* (2008).

Sem dúvida, há originalidade, elaborada a partir de uma sopa de recursos que, em especial, se aprende da pós-modernidade, mas muitos a oferecem como própria de seus usuários e dos arquitetos que lhe dão forma. Às vezes, esta arquitetura emergente coloca uma espécie de chalé ou "outra casinha" na parte alta. "Não tem nada que ver com o edifício, simplesmente ergueram a casa lá em cima". Na Colômbia, em 2012, ocorreu o XI Festival de Cinema e Vídeo dos Povos Indígenas (também *on-line*), que marca o uso dessas novas tecnologias audiovisuais nas comunidades ancestrais. O festival gerou outros pontos de vista e a opção de fazer do cinema um nicho de comunidades indígenas que vivem em cidades e que poderia ir lado a lado com a arquitetura explosiva de La Paz.

Contrária à arquitetura explosiva, está a implosiva, de Giancarlo Mazzanti, em Medellín, em projetos como o da Biblioteca Pública 112, que para alguns se tornou um símbolo da transformação social através da "arquitetura vanguardista, desenvolvida espacialmente em zonas desfavorecidas, quase inacessíveis, devido à pobreza e à violência". Pretende-se com esse tipo construção criar nichos que atribuam poder a seus moradores? Esse é o desafio. É o mesmo a partir de outra natureza, que prevê o arquiteto brasileiro Bruno Giovannetti,

Giancarlo Mazzanti, Medellín, Colômbia, 2012.

Bruno Giovannetti, São Paulo, 2010.

destacando edifícios de São Paulo nos quais se contam histórias em suas fachadas, como as da Bolívia, ou se empregam imagens que mostram essas histórias locais 🞴.

No México, em Juchitán, Estado de Oxaca, abundam rituais que operam como nichos entre a comunidade. Lorena Cárdenas recolheu alguns deles, como o dos tecidos de mantas em que se desenham e guardam restos de memórias populares. "Nos tecidos de mantas se escrevem discursos de protesto; se desenha, se pinta, e ainda veste os homens do campo". Uma estética popular com algumas características que ajudam sua prática, como a flexibilidade do material, baixo custo e fácil transporte. "É por isso que consideramos que são uma *estética ritual nômade alter-nativa*" (Cárdenas Oñate, 2011), que atua como modo de reconhecimento dentro de uma comunidade e também como imagem para o exterior.

Do lado oposto ao das mantas, pode-se ver no YouTube a rainha Elizabeth em um excelente trabalho fotográfico, com imagens que vão desde seu nascimento, em 1926, até completar 60 anos de reinado, em 2012 (*Diamond Jubilee of Queen Elizabeth* II, YouTube).

As diversas etapas narradas permitem conhecer um processo de passagem do tempo como um álbum de família. Aproxima-se dos nichos por suas condições de afirmação que podem revelar uma evolução na qual a beleza está unida ao poder.

EDIFÍCIOS DE LUZ. Num ângulo mais voltado para o *design* e o espetáculo, está a *Hong Kong's Symphony of Light Laser Show Hong Kong*, em Victoria Harbour (*on-line*).

É possível ver as transformações pela luz dos edifícios, que também se musicalizam. A luz elétrica, desde a sua invenção, produziu mudanças no espaço urbano, como antes já havia ocorrido com a introdução do vidro na arquitetura. O primeiro edifício de vidro foi o Palácio de Cristal, em Londres, em 1850; porém, foi Nova York a primeira cidade no mundo que contou com luz elétrica nas ruas, em 1882 (Z. Razia, 2002, p. 46), e desde então "as *bright lights* tornaram-se elementos que definem a modernidade nas cidades". A imagem da cidade é um produto tanto político como econômico e cultural. Colocar luz no espaço urbano evita os crimes, como aconteceu na Nova York de então; da mesma forma, a escuridão desenvolve o imaginário de perigo e suspeição do vizinho que passa.

Em *The City of Tomorrow* (1922), Le Corbusier inaugurou uma nova tradição de arquitetura transparente de vidro, porque, além de dar um "novo ímpeto à relação entre luz e arquitetura, traçou novas questões sobre o dentro e o fora, assim como entre o privado e o público" (Z. Razis, 2002, p. 7). Este aspecto ampliou-se lentamente com a iluminação, que permite à cidade permanecer acordada durante as 24 horas do dia ou superar a distinção entre dia e noite. No entanto, sem dúvida,

Arnaldo Vuolo, São Paulo, 1991.

a noite iluminada oferece outras paisagens noturnas, de onde saem outros nichos. Em Buenos Aires, a avenida Corrientes é escolhida pelos habitantes como seu grande ícone noturno, onde outros ídolos, como Gardel ou o tango, ou um objeto como o Obelisco ganham a cena – e isto ocorre devido à sua "iluminação". Em São Paulo, Arnaldo Vuolo capta na noite um *Mondrongo Kid*), sob um reflexo de luz que aumenta seu impacto ao longo da avenida;[72] Paris é conhecida como a Cidade Luz e várias urbes são iluminadas com luzes natalinas, o que as torna famosas, como é o caso de Medellín (Colômbia) e de Maracaibo (Venezuela), que organizam suas visitas turísticas de dezembro com esse motivo.

72 "Mondrongo", nos dicionários, é de uso pejorativo e significa "indivíduo disforme, monstrengo", "malvestido e desagradável", "preguiçoso".

Alguns autores reconhecem três categorias nas quais a luz intervém, diria eu, na criação de nichos: em locais fixos, como edifícios, estátuas, museus, jardins, *shoppings*; em locais que não são permanentes, como espaços para fogos de artifício, em festas, concertos ao ar livre ou prédios, que às vezes recebem iluminação; e locais em movimento, como carros ou luzes de fontes de água. Em todos os casos, a luz contribui para criar nichos territoriais – como o bairro iluminado que muitas cidades oferecem para o turismo, ou a cidade iluminada, como acontece em Cartagena das Índias, na Colômbia, com a região da *ciudad vieja* – que mantêm a cidade iluminada, segura e vivaz.

Junto às luzes, há intervenções como lançar tinta colorida no asfalto, que pode ser vista em alguns objetos urbanos. Ou, ainda, o que se fez em 2012 de um dos prédios do Massachusetts Institute of Technology, que foi "hackeado" para receber um jogo de tétris na fachada (*Hacks* MIT, na internet).

Mudança de atmosferas

Dentro da mesma construção de nichos, pode-se pensar na experiência de uma nova arquitetura pré-fabricada, desterritorializada: andaime multidirecional estrutural, contêineres multiuso, polimórficos, experimentais... como no trabalho dos arquitetos Daiken-Met, em Gifu, no Japão (*Designboom*, na internet). Construções desse tipo se encapsulam por um breve período em alguma rua, pois se trata de uma instalação efêmera, que se monta na própria urbe, segundo as necessidades concretas de seus usuários e nem sempre com as licenças das autoridades locais.

Outra maneira de mudar as fachadas e colocá-las no mesmo tom que o ambiente ecológico é o grafite *green*, com o qual se criam minissistemas urbanos. Aproveitando a natureza que está em volta das cidades, ou dentro delas, esses grupos verdes escrevem sobre os muros anúncios como: "In this spore borne air" ("Neste esporo guarda-se ar").

Várias dessas engenhosas formas de atuar a partir do grafite que contribuem para a criação de novas atmosferas urbanas podem ser encontradas na internet, na busca de Environmental Graffiti.

O *designer* alemão Robert Rickhoff trabalha com a sinalização da cidade para reinterpretá-la com um olhar estético e de modo livre. Assim, consegui uma bela e, diria, inquietante coleção de fotos atuais, na qual, além de humor e ironia, descobre-se um pensamento crítico e brincalhão das atmosferas urbanas, tal qual espasmos envoltos nos signos de nossa vida diária (Designboom, na internet). Cenas como a do taxímetro de túmulos ou a da quadra de tênis em plena rodovia obrigam a pensar nessa coexistência de esferas dentro de uma urbe: aquela construída, a evocação da ecologia que faz pensar para onde vamos. Volto às mesmas fontes do grafite, mas com uma sofisticação fotográfica e certa ajuda à edição digital.

Em outros casos, o humor e a composição tomam a cena urbana, como o homem que nasceu com três bocas, que atingiu muitas exibições no YouTube. Um vídeo que transitou pelos círculos da arte constrói-se sobre o que a Mona Lisa faz quando o Museu do Louvre está fechado. Sob a legenda: "Cansada de ficar sempre com aquela cara de boba, é isso o que a Mona Lisa faz para se vingar quando fica sozinha...", ela mostra a língua, fica vesga e faz outros gestos de solitária extenuada diante tantos olhares.

Para concluir a questão das fachadas marcantes, podemos considerar o corpo como nicho, as diferentes intervenções sobre o corpo através de cirurgias, dietas, exercícios ou, mais próximo ao nosso assunto, através de tatuagens e pinturas corporais. A VIII Convenção Internacional de Tatuagens em Londres, em 2012, recebeu mais de 20 mil visitantes para ver 300 artistas alternativos de todo o mundo, que fizeram de seu corpo o lugar de expressão pública... (El Tiempo, 29 de

Buenos Aires imaginada, Mago Fornes, compilação de Lylian Albuquerque, 2007.

Coleção Armando Silva, Bogotá, 2012.

Coleção Armando Silva, cartaz público, Medellín, Colômbia, 2011.

setembro de 2012). O artista argentino Mago Fornes tatua em seu próprio corpo sua obra, "Magia e predestinação", proporcionando a si próprio a condição de escrita proibida, transformando-se ele mesmo em muro de protesto não só por assumir que é a base material para a criação, mas com um impulso exibicionista diante do espaço público. A marca indelével na epiderme se porta como fato social, pois quem a faz procura o olhar de quem passa pela rua e dele necessita.

Outro nicho corporal mostra-se na paixão identitária do futebol, agora não por cidades de um país, mas sim por marcas ligadas a uma cidade ou a ídolos, como é o caso de Messi: o torcedor bogotano, de costas, usa o cabelo igual ao de seu herói e leva seu nome nas costas (2012). E, para terminar, o cartaz em que uma modelo caracterizada como estudante aparece com a saia erguida para mostrar um dos "territórios mais desejados" nas atmosferas urbanas publicitárias, sua vagina imaginada, compete com a imagem do livro *A arte da guerra*, do escritor chinês Sun Tzu, considerado uma das melhores obras de estratégia de todos os tempos, que inspirou Napoleão, Maquiavel, Mao Tsé-Tung e muitas outras figuras históricas. Encontrado num bar de Medellín em 2011, esse cartaz pode marcar um nicho de provocações que veem o sexo como alternativa para os modos públicos de fazer política.

Por fim, um álbum de fotografias que circula pelas redes sociais com ótima recepção, Fiat 500 Colombia, que pode ser uma remontagem do álbum de família, porém já não só simulado, próprio de tendências pós-modernas, mas também construído como "verdadeiro álbum", que ri do original, inserindo nas fotos de família figuras da publicidade, de filmes históricos, nos ritos de família e envelhecimento. Uma espécie de nicho que satiriza o nicho recompondo-o.

As atmosferas podem ser entendidas, então, como o que nos rodeia, como cidadãos de uma urbe, envolvendo-nos. E o que nos envolve não são apenas edifícios, aspectos estes mais arquitetônicos, nem só publicidade em cartazes e propagandas, assuntos mais comerciais, e sim imagens, sons, páginas na internet, resíduos de ambientes físicos e digitais que nos fazem ler, olhar e ver o mundo a partir de pontos de vista inovadores, que não nos deixam sozinhos percorrendo a cidade física: acompanham-nos por dias e noites certos fantasmas que, sem pedir licença, interferem em nossos pensamentos urbanos, impactando-nos com novas estéticas que nos tornam mais urbanos.

Bibliografia

Livros, ensaios e artigos

ÁLVAREZ, Luciano & HUBER, Christa. *Montevideo imaginado*. Bogotá: Taurus, 2004.

ANDREOLI, Vitorino. *La comunicación no verbal de un esquizofrénico*. Italia, Hospital Neuropsiquiátrico de Verona. Bogotá: Laboratorios Sandoz, 1983.

ASOCIACIÓN INTERNACIONAL DE CRÍTICOS ARTE. "El salto al vacío". *Temas*, 2004. [Encontro realizado em Moscou, 1994.]

ARANDA, Julieta et al. *What is Contemporary Art?* New York: Sternberg, 2010.

BABIN, Silvete. *Lieux et Non-Lieux del´art actuel*. Quebec: Esse, 2005.

BACZKO, Bronislaw. *Los imaginarios sociales, memorias y esperanzas colectivas*. Buenos Aires: Nueva Visión, 1991.

BAKHTIN, Mikhail. *La cultura popular en la Edad Media y en el Renacimiento: el contexto de François Rabelais*. Ciudad de México: FCE, 1998. [Ed. orig.: 1941; ed. bras.: *A cultura popular na Idade Média e no Renascimento: o contexto de François Rabelais*. Trad. Yara Frateschi Vieira. São Paulo/Brasília: Hucitec/Ed. UnB, 2008.]

BARTHES, Roland. *La aventura semiológica*. Barcelona: Paidós, 1990.

_____. *La cámara lúcida, nota sobre fotografía*. Barcelona: Paidós, 1990.

BAUDRILLARD, Jean. "Kool Killer: Los graffiti de Nueva York". *Revista de Sociología*, n. 2. Barcelona: Universidad Autónoma de Barcelona, 1983.

BAUMAN, Zygmunt. *Miedo líquido*. Barcelona: Paidós, 2007. [Ed. bras.: *Medo líquido*. Trad. Carlos A. Medeiros. Rio de Janeiro: Zaher, 2008.]

BESANÇON, Julien. *Les murs ont la parole – Journal mural de mai 1968*. Paris: Tchou, 1968.

BORGOMANO, Laure. "Et vous? Lecture de graffiti dans la rue". *Le Français dans le Monde*, n. 173, 1982.

BOURRIAUD, Nicolás. *Estética relacional*. Buenos Aires: Adriana Hidalgo, 2006.

BOURDET, Richard. *Cities, Arquitectures and Society*. Veneza: Fondazione La Biennale, 2006.

CARBONELL, Eduard et al. "Els grafts de castell-follit ve riubregós. Primeres aportacions". *Quaderns d'Estudis Medievals, Art estudi*, n. 5, Afía II, vol. I, Barcelona, 1981.

CÁRDENAS OÑATE, Marisol. "La semiosfera del imaginario. Una econología de metáforas en la frontera estética ritual de Oaxaca". *Entretextos. Revista Electrónica Semestral de Estudios Semióticos de la Cultura*, n. 17-18, 2011.

CARMANO, Liliana. *Ciudad vieja, 1829-1991*. Montevideo: FCU, 1997.

CASETTI, Francesco. *Dentro lo sguardo, il filme e suo spettatore*. Milano: Bompiani, 1985.

COULTON, George. "Medieval Graffiti". *Antiquarian Society*, vol. xix, 1915.

CUMBRE IBEROAMERICANA, Sesión Plenaria de la XVIII. Santiago de Chile, 10 de novembro de 2007.

DE DIEGO, Estrella. *Tristísimo Warhol. Cadillacs, piscinas y otros síndromes modernos*. Madri: Siruela, 1999.

DERRIDA, Jacques. "Semiología y gramatología. Entrevista con Julia Kristeva" [1968]. *Ideas y Valores*, n. 46-47. Bogotá: Universidad Nacional de Colombia, 1976.

DÍAZ DEL CASTILLO, Bernal. *Historia verdadera de la conquista de la Nueva España* [1541]. 5.ª ed. Introdução de Joaquín Ramírez. Ciudad de México: Porrúa, 1960.

DUCROT, Oswald. *Le dire et le dit*. Paris: Minuit, 1984.
ECO, Umberto. "Dalla guerrilla semiologica alla professionalitá della comunicazione". *Aut-Aut*, n. 163, Milano, 1978.
EHRENZWEIG, Anton. *Psicoanálisis de la percepción artística*. Trad. Justo Beramende. Barcelona: Gustavo Gili, 1965.
ENWESOR, Okwui. "Prólogo". *Urban Imaginaries from Latin America*. Kassel: Documenta 11/ Museum Friedericianum/Hatje Cantz, 2003.
FACUNDO, Abalo (ed.) et al. *Arte y liminalidad*. Buenos Aires: Universidad de La Plata, 2008.
FERNÁNDEZ PORTA, Eloy. *Homo sampler, tiempo y consumo en la Era Afterpop*. Barcelona: Anagrama, 2008.
FONTANILLE, Jean. *Les points de vue et l'identification énonciative*. Tese de doutorado. Paris: 1985.
FREUD, Sigmund. *Interpretación de los sueños* [1916]. Trad. Luis López Ballesteros. *Obras completas*, t. iii. Madri: Biblioteca Nueva, 1981.
GÓMEZ, Fernando. "Arte, ciudadanos y espacio público". *On The W@terfront*, n. 5, 2004.
GOYON, Georges. *Les inscriptions et graffiti des voyageurs sur la grande Pyramide*. Le Caire: Société Royale de Géographie, 1944.
GROYS, Boris. *Antinomies of Art and Culture. Modernity, Postmodernity, Contemporaneity*. Ed. Menéndez-Conde. Durham: Duke University Press, 2008. Disponível em: <lapizynube.blogspot.com>.
____. "La topología del arte contemporáneo". Trad. Ernesto Menéndez-Conde. 2009. Disponível em <http://lapizynube. blogspot.com>.
____. "Estar com o tempo em vez de no tempo" e "Comrades of time". *What is contemporary Art?* New York: Sternberg, 2010.
HACKER, P. M. S. *Wittgenstein*. Bogotá: Norma, 1997.
HJELMSLEV, Louis. *Prolegómenos a una teoría del lenguaje*. Barcelona: Gredos, 1943.
JAKOBSON, Roman. *Ensayos de lingüística general* [1963]. Barcelona: Seix Barral, 1978.
KRIS, Ernest. *Psicoanálisis y arte*. Trad. Floreal Mazia. Buenos Aires: Paidós, 1957.
KURLANSKY, Mervyn. *The Faith of Graffiti*. New York: Publishers, 1974.
LACAN, Jacques. "Seminario sobre la carta robada" [1956]. *Escritos*, t. ii. Trad. Tomás Segovia. Buenos Aires: Siglo xxi, 1976.
____. "Subversion du sujet et dialectique du désir dan l'inconscient freudian". *Ecrits ii*. Paris: Point, 1960.
____. *Los cuatro conceptos fundamentales del psicoanálisis*. Barcelona: Seix Barral, 1977.
LACARREU, Mónica & PALLIN, Verónica. *Buenos Aires imaginada*. Buenos Aires: Secretaría de Cultura de la Presidencia de la República Argentina y CAB, 2007.
LE CORBUSIER. *The city of Tomorrow and its Planning*. New York: Dover, 1987.
LEÓN, Gabriel. "Algunas observaciones sobre el graffiti de un hospital psiquiátrico". *Revista Colombiana de Psiquiatría*, IX (2), 1980.
MACCANNELL, Dean. *Empty Meetin Grounds*. New York: Routledge, 1992.
MAFFESOLI, Michel. "Otra lógica del ser-conjunto". *Politeía – Revista de la Facultad de Derecho y Ciencias Políticas*, n. 11, Bogotá: Universidad Nacional de Colombia, 1992.
MANETAS, Miltos. *Neen, animazioni e immagini che suggeriscono il contesto mentale per la nuova parola*. Milano: Charta, 2006.
MARTÍN-BARBERO, Jesús & SILVA, Armando (eds.). *Proyectar la comunicación*. Bogotá: Tercer Mundo, 1988.
MEDINA, Cuauhtemoc. "Contemp(t)orary: Eleven Theses". *What Is Contemporary Art?*, Sternberg, 2010.
MEITIN, Alejandro. "Ciudades que enamoran: protagonismo social y arte público". *Malabia: arte, cultura y sociedad*, 3 (34), jun. 2007. Disponível em: <www.dataexpertise.com.ar/malavia/uoload/notas/49/meitin_revista34.pdf>.

MERLEAU-PONTY, Maurice. *Le visible et l'invisible*. Paris: Gallimard, 1964.
MICHAUD, Yves. *El arte en estado gaseoso*. Ciudad de Mexico: FCE, 2007.
MUKAŘOVSKÝ, J. "El lugar de la función estética entre las demás funciones", 1942. Disponível em <http://pt.scribd.com/doc/36560873/Mukarovsky-Signo-funcion--y-valor-Traduccion-Jandova>.NASIO, David. *Lacan y el Psicoanálisis*. Buenos Aires: Grupo de Estudios, 1985.
ODGEN, C. K. & RICHARDS, I. A. *The Meaning of Meaning*. Londres: Routledge & Paul Kegan, 1923.
OSORIO, Zenaida. "Callejeras". *Congreso Distrital de Mujeres Hip Hop*. Bogotá: Universidad Nacional de Colombia/Diseño Gráfico, 2008.
PANOFSKY, Erwin. *Contribution a l'Histoire du Concept de L'ancienne Théorie d'Art*. Paris: Gallimard, 1983.
PARDO, Neyla. *Discurso en la web: pobreza en YouTube*. Bogotá: Universidad NAC, 2012.
PÉREZ DE LAMA, José. "Acciones de derribar edificios". *Ciudades iconomáquicas*. Sevilla: UNIA, 2005.
PINÓS DA COSTA, Benhur. "As microterritorialidades nas cidades: reflexões sobre as convivências homoafetivas e/ou homoeróticas", *TerraPlural*, 6 (2), 2012. Disponível em: <http://www.revistas2.uepg.br/index.php/tp/article/view/3187>.
PRITCHARD, V. *English Medieval Graffiti*. Cambridge: Cambridge University Press, 1967.
RANCIÈRE, Jacques. *El espectador emancipado*. Buenos Aires: Manantial, 2010.
RATMAN, Jon. *The Nine Eyes of Google Street View*. Montreal: Jean Boite, 2011.
RAZIS, Zenobia. *Reflections on Urban Lighting*. Londres: Comedia, 2002.
RODRÍGUEZ, Dominique. "El arte de hoy en los ojos de José Roca", *Revista Diners*, Bogotá, 21 nov. 2012.
ROJAS, Sergio. "Estética del malestar y expresión ciudadana: hacia una cultura crítica". *Sepiensa.net*, 24 out. 2006. Disponível em: <www.sepiensa.net/edicion>.
RON, Alex. *Quito: una ciudad de graffitis*. Quito: Conejo, 2007.
SLOTERDIJK, Peter. *Las atmósferas de la política: diálogo sobre la democracia*. Em LATOUR, Bruno & GAGLIARDI, Pasquale (eds.). Madri: Complutense, 2008.
TURRA NETO, Necio, "Vivendo entre jovens: A observação participante como metodologia de pesquisa de campo". *TerraPlural*, 6 (2), 2012.
VILLAGÓMEZ, Carlos. *La paz imaginada*. Bogotá: Taurus, 2007.
VITA, Mauricios. "Il sublime". *D'Ars*, 142 (9).
ZABALA, Iris. "La injuria, el insulto, la palabra poética, la realidad: Lacan vuelta a la metáfora". 2010. Disponível em: <http://www.imaginario.org.ar/blog/?p=797>.
ZEA, Leopoldo. *Latinoamérica, Tercer Mundo*. Ciudad de Mexico: Extemporáneos, 1977.

Periódicos, galerias, museus, catálogos de exposições, coleções

AGAMBEN, Gioghio. Entrevista concedida a Peppe Salvà, *Ragusa News*, 16 de agosto de 2012.
ARDILA, María Elvira. Catálogo da exposição *Desatar pasiones ciudadanas del proyecto Imaginarios Urbanos de Armando Silva*, no Mambo, oct.-nov. 2008. Curadoraria e entrevista de María Elvira Ardila.
BELTRÃO, Encarnação (ed.). "A cidade e o urbano: uma busca conceitual". *Cidades*, 2 (10), 2009. Unesp.
CANDELA, Gemma. "Arquitectura explosiva en La Paz". *La Razón*, 27 mai. 2012. Disponível em: <http//www.la-razon.com/suplementos/escape/Edificios-estilo-explosivo-0-1619838089.html>.
DIEGO, Estrella de (ed.). *Metropolis*, 82, Barcelona, 2011.

_____. *Catálogo de la Exposición,Warhol by Warhol*. Madri: Casa Encendida, 2008.
DOMÉSTICO 045, Madri: Centro Ediciones, 2005.
EL CLARÍN. "Las paredes limpias no dicen nada", ed. especial 3, domingo, Buenos Aires, 2000. SF, p. 12.
EL TIEMPO, 28 dic. 1993; 19 dic. 1999; 3 abr. 2008; 28 nov. 1993; 12 may. 2008; 9 may. 2010; 18 nov. 2011: 15 jun. 2012; 28 ene. 2012; 14 oct. 2012; 5 nov. 2012.
ENGUITA, Nuria & BLASCO, Jorge (curadores). *Archivos ciudadanos en la obra de Armando Silva*. Catálogo do Banco de la República. Barcelona/Bogotá: Fundação Antoni Tàpies, María Belén Sáez de Ibarra (coord.)/Universidad Nacional de Colombia, mar.-jun. 2009.
NEGRI, Antorio & HARDT, Michael. Entrevista em *Telégrafo*, Quito, 19 de noviembre de 2012.
O GLOBO, 23 oct. 2008.
"PENSAR EL PRESENTE". Madri: Casa Encendida, 2009.
PROST, Jean François (coord.). "Dare Dare". *Dis/location 1: Projet d´articulation urbaine*. Diessel 1, "Pichadores de São Paulo", em papel rústico, 2010.
RESTREPO, María Adelaida [Madelaida] López. Coleção de arte urbana e estênceis, 2004-2013.
ROMERO, Pedro (dir.); VÁZQUEZ, Joaquín (prod.). *Proyecto Sevilla Imaginada*. Sevilla: Universidad Internacional de Andalucía, unia, 2007-2010.
SILVA, Armando. Coleção de grafites e imagens de arte pública, 1984-2013.
VÁZQUEZ, Joaquín. Coleção de grafites. BNV Producciones, Sevilha, Cromos 8, 2008.

Trabalhos do autor indicados como referência de pesquisa

SILVA, Armando. *Memorial of the International Simpósium on Art and Development*. Titograd, Iugoslávia: 1985.
_____. *La mise-en-scène du graffiti dan l'espace urbain*. Paris: École des Hautes Études en Sciences Sociales, 1986a.
_____. *Una ciudad imaginada: Grafiti y expresión urbana*. Bogotá: Universidad Nacional de Colombia, 1986b.
_____. *Punto de vista ciudadano*. Bogotá: Instituto Caro y Cuervo, 1987.
_____. *Imaginarios urbanos: cultura y comunicación urbana*. Bogotá: Tercer Mundo, 1992a. [Ed. bras. *Imaginários urbanos*. Trad. Pérola de Carvalho e Mariza Bertoli. São Paulo: Perspectiva, 2001. Col. Estudos 173.]
_____. "Estética, poder y posmodernidad", *Politeía*, n. 11, Revista de la Facultad de Derecho y Ciencias Políticas. Bogotá: Universidad Nacional de Colombia, 1992b.
_____. "Urban Imaginaries from Latin America", Documenta 11. Kassel: Hatje Cantz, 2003a.
_____. *Bogotá imaginada*. Bogotá: Taurus, 2003b.
_____. *Polvos de ciudad*. Bogotá: La Balsa, 2004.
_____. *Metodología de imaginarios urbanos*. Bogotá: CAB, 2005.
_____. *Imaginarios urbanos en América Latina. Urbanismos ciudadanos*. Barcelona: Fundació Antoni Tàpies y Actar, 2007a.
_____. "Imaginaires urbains et art Public". Em *Dis/location 1: Projet d´articulation urbaine*. Montreal: Dare Dare, 2008a.
_____. "Imagined Bogotá". *Cities, Arquitectures and Society*. X Bienal de Veneza, 2008b.
_____. *Los imaginarios nos habitan*. Quito: Flacso, 2008c.

_____. "Rock, tribus, pintas". Em: POSADA, Margarita (ed.) & PARIAS, María Claudia (coord.). 15 años guapeando. Bogotá: [s/e.], 2009.

_____. Imaginarios: el asombro social. Bogotá: Universidad Externado de Colombia. Editado e desenhado por La Silueta Ediciones, 2013. [Ed. bras.: Imaginários, o assombro social. São Paulo: Sesc, 2014.]

Exposições de grafite e arte urbana citadas

Caseros, Memoria del horror estatal sobre la obra de Set Wulsin. Buenos Aires: 27 jul. 2006.

Culturas urbanas en América Latina y España desde sus imaginarios sociales. Bogotá: Convênio Andrés Bello e Universidad Nacional de Colombia, 1998-2006.

Fortune, USA, dez. 1989.

Grafiteando [folheto]. Vários artistas. La Paz, 2009.

La carta furtiva, Galería Alonso Garcés, mai.-jun. 2009.

La celda grande, obra de Alonso Gil, Meiac. Extremadura, España, 2008.

Monstruocity. Bogotá: Centro Colombo-Americano, 27 mai. 2009.

Proyecto Internacional de Imaginarios Urbanos: cab, usp, uba; unal, unesco, unia e outras cidades, 2006-2013.

Semana, n. 1419, 14/jul./2000.

Street Art Tate Modern. Londres, may 23 - aug. 25 2008. Disponível em: <http://www.tate.org.uk/whats-on/tate-modern/exhibition/street-art>.

Verano Place, Irvine, California (ed.), n. 122, 1996.

Documentos audiovisuais mencionados

DIEGO, Estrella de (comisaría). Warhol en la cápsula del tiempo, exposição Warhol por Warhol. Madri: La Casa Encendida, 2008.

HONG KONG'S Symphony of Light Laser Show. Hong Kong, Victoria Harbour.

KIRCHHEIMER, Manfred. Stations of the Elevated. Documentário sobre o metropolitano de New York, 1980.

MARTÍNEZ, Nelson (dir.). La paz imaginada. María Adelaida López Restrepo (coord.), 2008. (Documentário.)

QUIÑONES, Beatríz; SANTOS, Guillermo & PARDO, Neyla (coords.). Representaciones paralelas. IECO, UNAL, ECO, 2002-2005.

REVOLUCIÓN O MUERTE. Documento anônimo de sandinistas, 1978.

TATE. Media Tate: Painting the City, 2008. (DVD.)

THE CITY OF TOMORROW. 1922.

Filmes citados

Batman – O Cavaleiro das Trevas ressurge (The Dark Knight Rises). Dir. Christopher Nolan, 2012.

Tubarão. Dir. Steven Spielberg, 1975.

Viagem nas estrelas. Dir. Gene Roddenberry, 1966.

Páginas na internet consultadas ou citadas

archleague@archleague.pmailus.comesferapublica@yahoogroups.com
http://artforum.com/inprint/preview=31950
http://cineyvideo-indigena.onic.org.co/
http://composta.net/culturapirata/?tag=graffiti – *Cultura Pirata*, de Guadalajara, México
http://esferapublica.org/– Esfera Pública
http://espacioucd.blogspot.com/2008/10/alfabeto-pirata-de-graffiti-por-kp.html – *Espacio Urbano Cultural Dominicano*
http://hacks.mit.edu/Hacks/by_year/2012/tetris/
http://lapizynube.blogspot.com
http://limiaresdahistoria.blogspot.com/2009/08/arte-de-rua-grafite-e-pichacao.html
http://unidosporlasletras.blogspot.com/ – Mona Lisa
https://vimeo.com/6239596
www.4shared.com/account/dir/21648297/ce6b8bee/ciudadesimaginadas.html
www.americaeconomia.com/ MultiOtros/7783.pdf
www.chulespe.com
www.dare-dare.org
www.designboom.com
www.designboom.com/art/everydayscenes-humorously-re-interpreted-byrobert--rickhoff/ – Robert Rickhoff
www.divulgacion.unal.edu.co/imaginarios/html – Imaginarios Urbanos
www.elespecatador.com – Convierten jardín en museo de arte contemporáneo
www.elespectador.com/impreso/bogota/articulo-332848-jardineros-insurgentes
www.elespectador.com/tecnologia/edificio-eeuu-usado-jugar-tetris-video-341422
www.environmentalgraffiti.com
www.environmentalgraffiti.com/featured/moss-grass-graffiti/2147?image=11
www.estudiosvisuales.net/revista/index.htm – *Estudios Visuales*
www.facebook.com/fiat500colombia
www.facebook.com/UrbanImaginaries
www.la-razon.com/suplementos/escape/Edificios-estiloexplosivo_0_1619838089.html
www.urbanexplorationsystem.com
www.youtube.com – Monalisa
www.youtube.com/watch?v=316AzLYhaocurrido&feature=share
www.youtube.com/watch?v=ev7C-Z_d9u0&feature=player_embedded – homem que nasceu com três bocas
www.youtube.com/watch_popup?v=E8nJhG1xE5o – Rainha transformada
www.youtube.googleapis.com/v/316AzLYfAzw%26autoplay%3D1%26rel%3D0 – ação de rua

Créditos
e índice de fotos

Alejandro Álvarez. La Paz, 2012 222
Alejandro Obregón. Cartagena, Colômbia, 1985 91
Arnaldo Vuolo. São Paulo, 1991 193, 226
Banksy (obras de). Bogotá, 2010 126. Londres, 2011 124
Bruno Giovannetti. São Paulo, 2008 65, 152, 193, 220, 221; 2009 52, 151; 2010 68, 224
Camilla Chapella. Cidade do México, 2008 84
Carlos Blanco. Bogotá, 2010 126
Carlos Castro. Lima, 2005 96
Carolina Guzmán. Nova York, 2010 67; 2011 151
Choque Photos. São Paulo, 2008 129
Coleção Armando Silva. Barcelona, 2007 60. Bogotá, 1976 100; 1978 131; 1979 133, 134, 153; 1980 51, 93, 97; 1981 38, 45, 92, 115; 1982 51, 56; 1983 53; 1984 31, 38, 71, 73, 74, 79; 1986 135; 2004 50; 2007 142, 154; 2009 67, 157; 2012 229. Buenos Aires, 2010 147. Cidade do México, 2007 62. Ciudad Juárez, 2012 198. Manchester, 2008 147. Medellín, 2011 229. Mérida, 2011 219. Montreal, 2007 63. Oslo, 2008 146. Porto Alegre, 1979 146. Quito, 2005 90. São Paulo, 1982 149; 2008 57, 95. Toronto, 2008 147; 2010 60
Coleção Joaquín Vázquez. Sevilha, 2006 150
Daniel Alonso Mallén. Sevilha, 2002 200
Daniel Calle. Medellín, Colômbia, 2009 191
Eduardo Urueña. La Plata, Argentina, 2008 153
Fernando Arias. Tel-Aviv, Israel, 2009 94
Gerardo Rojas. Caracas, 2008 183
Giancarlo Mazzanti. Medellín, Colômbia, 2012 223
Guillermo Santos. Bogotá, 2002 156
Hanni Uesseler. Istambul, 2013 135
Ieco. Bogotá, 2002 200
Jon Naar e Mervyn Kurlansky. The Faith of Graffiti 90
José Errázuriz. Santiago do Chile, 2002 60
Juan Camilo Arango. Bogotá, 2009 158
Karla Rodríguez. Cidade do México, 2007 58. La Plata, Argentina, 2008 39
Laura Silva Abello. Bogotá, 2001 188; 2006 91; 2007 94; 2008 66, 149, 153; 2010 27
Lucero Zamudio. Medellín, Colômbia, 2003 198
Luis Carlos Cifuentes. Rolling Stone, 2007 201
Luis Herrera. Ciudad Juárez, 2012 194
Lylian Alburquerque. Buenos Aires, 2007 229
Madelaida López Restrepo. Londres, 2011 124. Bogotá, 2005 75; 2006 190; 2007 150; 2009 55; 2010 35
María Martha Aguirre. Buenos Aires, 2010 61
Mariana Guhl. Bogotá, 2010 67; 2012 65
Mervyn Kurlansky e Jon Naar. The Faith of Graffiti 90

Miguel Ángel Rojas. 2008 158
Mujeres creando. La Paz 189
Nadín Ospina, 2009 159
Natalia Ángel. Barcelona, 2006 154
Natalia Cadavid. Medellín, Colômbia, 2010 192
Natalia Zapata. La Plata, Argentina, 2008 154
Nm Nogueira. Londres, 2007 122
Óscar Bonilla. Montevidéu, 2003 57
Sofía Ares. La Plata, Argentina, 2010 88
Stinkfish (Ómar Delgado). Cidade da Guatemala, 2007 136; Valência, 2007 136
Valeria Boa Sorte. São Paulo, 2007 148, 151

Papel de miolo	alta alvura 90g/m²
Papel de capa	Duo Design 250g/m²
Tipologia	Joanna
Data	agosto de 2014
Tiragem	1500 exemplares
Impressão	Cromosete Gráfica e Editora

MISTO
Papel produzido a partir de fontes responsáveis
FSC® C106054